社会科

社会認識を育てる教材・教具と社会科の授業づくり

井ノ口貴史・倉持祐二 著
Inokuchi Takashi　Kuramochi Yuji

三学出版

はじめに

　授業とは、教師が子どもたちの顔を思い浮かべながら考え、つくり、実践する営みである。だからこそ、二つとない個性的な営みでもある。ところが、明日の授業にすぐ使えるようにという教師の思いのもとに、教育実践のマニュアル化が急速にすすんでいるように思えてならない。
　そもそも1時間の授業づくりが研究対象として注目されるようになったのは、1980年代からである。その引き金役になったのは、藤岡信勝や向山洋一であった。藤岡は、授業実践が研究資料となりえるための「伝達可能性」と「再現可能性」のある実践記録の書き方や、ストップモーション方式による授業研究を提起した。ベテラン教師の技能を定式化して普及させるという向山の教育技術の法則化運動も、教育現場に少なからぬ影響を及ぼしていく。1時間の授業づくりを授業研究の対象としたことのメリットは、授業における教師の発問・指示などの教授行為や授業の組み立てを、誰でもいっしょに検討することができたことであった。
　ところが、1980年代から、すでに授業研究のあり方をめぐる批判が出ていた。今野日出晴は、「『再現可能性』のもとで、教師個人の職人的な要素は次第に軽視され」、「教師の個性的な教材開発が、個性を排除して誰にでも実践できるように叙述されることが求められた」とし、教育実践の「マニュアル化として受容されていくこと」になったと指摘する。「最初から一般化・普遍化されることを前提にして実践自体が組み立てられるようにもなり」、「実践記録を書くために、実践が行われるという転倒した状況さえおきる」とした。（今野日出晴『歴史学と歴史教育の構図』東京大学出版会）
　1990年代になると、1980年代の臨時教育審議会の「教育改革」とも相まって、教育現場では教師の一方的な教え込みの授業は価値のないものとして排除されていく。それと呼応するかのように、実践記録の中では教師の教授行為が姿を消し、子どもたちの活動だけを記述することに力が入れられるようになっ

た。

　本書は、授業のマニュアル化がすすみ、授業とは何かが問われている中で、社会科の授業における教材・教具づくりの魅力と、教材・教具を使って社会認識を育てる授業のあり方を提起した書である。

　教師が教材づくり・授業づくりを楽しめたら、子どもたちもきっと授業が大好きになることだろう。本書が、魅力的な教材・教具づくりや社会科の授業づくりのヒントになれば、これに勝る喜びはない。

　　　　　　　　　　　　　　　　　　　　　　　　井ノ口貴史・倉持祐二

目　次

はじめに

第1章　子どもの「学び」を引き出す「教材」と「教育内容」……………………………………………… 7
　はじめに　7
　1．「教える」意味を問われる　8
　2．子どもの生活と切り結ぶ教材を探す　11
　おわりに　20

第2章　「コンビニ」を素材に教材をつくる ……………… 23
　はじめに　23
　1．教科書でのコンビニの扱い　23
　2．社会科教育実践史の中でのコンビニの扱い　26
　3．小学校での教材化の試み──コンビニで何を教えるか　30
　4．中・高校を想定した教材「コンビニから見える日本の社会」　32
　5．教材の評価　40
　6．教材「コンビニから見える日本の社会」で欠けているテーマ　46
　7．小・中・高校を見通した「コンビニ」教材　47

第3章　時代のイメージを育てる生活文化学習を …………… 49
 1．今、子どもたちの学びは　49
 2．小学校の歴史学習における「文化」の扱い　52
 3．庶民のくらしの変化から室町時代を学ぶ　60
 4．教材をつくりだす　65
 5．子どもにとって意味のある学びをつくる　68
 6．小学校の歴史学習のあり方を問い直す　83

第4章　ドラマのある歴史の授業をつくりたい
　　　　　――「漂流民とペリー来航」の教材開発 ……………… 88
 はじめに　88
 1．小学校と中学校の教科書に「ペリー来航」はどう書かれているのか　90
 2．生徒に「面白い」と言わせたい　94
 3．モリソン号に乗っていた漂流民はだれか　97
 4．教材「漂流民とペリー来航」を開発する　101
 5．教材「漂流民とペリー来航」　126
 おわりに　146

第5章　インターネット時代の教材づくりと授業 ………… 149
 1．子どもの学習要求に応じる授業を　149
 2．「9.11」以降の授業づくり　150
 3．「9.11」後の実践を教材論から読み解くと　156
 4．インターネット情報を授業づくりに使う場合の怖さ　157

おわりに……………………………………………………………………… 163

第1章　子どもの「学び」を引き出す「教材」と「教育内容」

はじめに

　授業は教師と子ども（学習者）と教材によって成り立つ。しかし、はじめから教材があるわけではない。授業を構想する教師は、教科書を読み、そこで子どもたちに教えるべき概念や法則、知識や技能（「教育内容」）を選び出す。そして、その「教育内容」を子どもたちにわかりやすく伝えるために教材を用意する。子どもたちは、教師の指示に従って教材を学ぶことで、教師が意図した「教育内容」を理解する、と想定されてきた。

　これには教師の「教え」に対して、子どもたちは「教えられる」「学ぶ」関係で応えるという前提がある。しかし、教師の「教え」に「拒否する」姿勢で迫ってくる子どもたちに、教師が決めた「教育内容」をわかりやすく伝える「教材」は有効であるのか。あるいは、表面的には「学ぶ振り」をする子どもたちに、教師の決めた「教育内容」は伝わるのだろうか。子どもたちが学習を拒否するのは、教師が決めた「教育内容」や「教材」が、子どもたちの「学び」を引き出すものになっていないためではないのか。

　森脇健夫は、従来の教材づくりは価値ある教育内容を担う教材を探す、つくるタイプが主であったとした上で、「学習者」の重要性が認識されるにしたがって、「教材」から「授業内容」への教材づくりが行われるようになってきたと言う。そこでは「素材の教材化」が行われ、子どもを引きつける教材を分析し、どういった教育内容を担うかを明らかにするという方法をとると指摘する[1]。

　本章では、学習を放棄しているかに見える高校生に対し、彼らの興味・関心を引き出すであろう素材を教材化して取り組んだ「現代社会」の授業実践を分

析し、彼らの「学び」を引き出す要因が何かを考える。

1．「教える」意味を問われる

　授業が始まっても、机の上に口紅やマニキュアをおいて鏡に向かって化粧に余念のない女子高生、マンガを読みながらイヤフォンを耳に音楽を聴き続ける男子生徒、「先生、社会の先生やな」といいながら机の上にこれ見よがしに国語の教科書をだす生徒など、少しでも授業に入らせないように教師を挑発する子どもたちが私の目の前にいた。2000年、50歳を目前に学区のトップ校から「困難校」と言われる高校に異動して出会った子どもたちは、話には聞いていたが、目を疑うような姿だった。九九の七の段以降があやしい生徒、「パーセント」と聞いただけで思考停止になり机の上に突っ伏してしまう生徒、ローマ字を書けない生徒など、小学校時代に特定の学力が抜け落ちてしまっている生徒がかなりの数いる。

　このように学習を放棄する生徒たちに対し、少しでも授業の方に目を向けさせようと、授業方法で勝負しようと考えた。手始めに３年生の日本史の授業で、仮説実験授業を取り入れ、授業書によって予想を選び、その予想が正しいか確かめていく授業を試みた。

> 「縄文人は主に何を食べていた（「主食」にしていた）と思いますか？」
> ＜予想＞１．魚（マグロやカツオなど）や貝（ハマグリなど）、２．シカやイノシシなど、３．ドングリ・クリ・クルミなど、４．米

　選んだ根拠を発表させ、できれば討論に発展させて、それをもとに検証するにはこの資料と、授業の流れを構想して、意気込んで授業に入ったのに、仮説実験授業自体が成立しない。生徒は、設定した予想から一つを選択すること自体をしないのである。「学び方を学ぶ」授業構想は、予想を選択しない生徒を前に、最初から頓挫してしまった。学習問題を把握して、予想を立て、意見交

換をしながら自分の選んだ根拠を発表し、資料によって確かめていくといった授業方法は成立しなかった。

　そこで、1年生の「現代社会」では、経済分野の学習を絵本を使って、お話を読むことで「市場経済のしくみ」をわかりやすく説明しようと考えた。使った絵本は、『レモンをお金にかえる法』（ルイズ・アームストロング著、ビル・バッソ絵、佐和隆光訳　河出書房新社　1982年）である。お話は以下のような内容である。

　　ミーという名の女の子がレモンと砂糖と水を原料としてレモネードを作り商売を始める。売店を開くための初期投資は、自己資金とお父さんからの資本貸し付けによってまかなう。ジョニーを雇い、市場価格50円のレモネードを販売する。ジョニーのやることを労働、ジョニーに払うお金を賃金というと説明される。次いで、ジョニーが仕事がきついわりに賃金が安いと労働争議が始まる。ストライキやボイコットから交渉・調停へと進み、ジューサーを導入することで争議は妥結する。しかし、機械化することでレモネードづくりが自動化されるとジョニーは失業してしまう。失業したジョニーがレモネードの売店をつくり競争相手になると、二人の店で価格競争が始まる。50円から10円へと熾烈な値下げ競争が行われるが、一転二人の売店は合併し、再びレモネードの価格は50円になる。夏が終わりレモネードが売れなくなると、資産を流動化して、起業家として成功したミーは、優雅なバカンスを楽しむことができた。

　絵本の一コマ一コマを取り出して、「原料は何？」「生産手段は何？」「レモネードの価格はどう決まるの？」「労働争議にはどんなものがあるの？」「なぜレモネードの値段は50円から10円に下がっていったの？」など、生徒に問いかけながら「市場経済のしくみ」をわかりやすく説明した。

　はじめは、生徒たちも、絵本の一コマに描かれる女の子と男の子に色を塗ったりしながら楽しんで授業に参加していたが、「生産手段」とか「労働力」、「価格競争」、「需要と供給」などの経済用語が登場し、理屈で理解を求められるようになると、「わけわからん」の一言で授業から離れていく生徒が増えて

いった。

　私の授業はなぜ生徒に受け入れられなかったのだろうか。授業を構成する要素は教師と子どもと教材であり、この三者の相互作用で授業が成立する。教材は、教師が教科内容を獲得させるために提示する事物や事象である(2)。教科内容（教育内容）は、授業で教師が教えようとする内容、つまり諸科学の概念や法則、知識などをさす(3)。ここで教材は『レモンをお金にかえる法』という絵本のお話である。私が「市場経済のしくみ」という単元で、生徒に教えようとした教科内容（教育内容）は、生産の三要素、価格競争、需要と供給、労働争議の種類、独占の形態など経済学を理解するための基本的な概念である。この概念を生徒に理解させるために提示したものが、絵本に描かれる一コマ一コマのお話であった。

　生徒がこの授業に参加した動機は、経済の基本的な概念を理解するためではなかったのだろう。学校で一方的に教師から提示され続ける教材とはひと味違う絵本が新鮮であったのかもしれない。絵本を印刷した授業プリントに色塗りをすることで、機嫌良く授業時間を潰すことができた。ところが、教師は、お話を読ませて、「原料は何？」「生産手段は何？」と聞いてくる。絵本の話の一部を（　）であけておいて、「ジョニーがやっていることを何というの？」と中学校までの知識を問うてくる。労働争議の種類も聞いてくる。それは、中学校までで獲得してきたはずと教師が考える知識量を問うているに過ぎない。そして、教師は詳しく説明しながら授業を進め、最後はテストで記憶した知識量をはかって成績をつけると生徒は考えたのだろう。「そんな誘いには乗らないぞ」というのが生徒の意思表示であり、結果として授業を放棄する。

　この授業では、教師が教育内容を設定し、教材である『レモンをお金にかえる法』を通して、生徒が概念や知識を受け入れることを要求している。そこには、生徒の能動的な「学び」は想定されていない。

　藤原顕は、教育内容があらかじめ教師によって準備されるものであり、教育内容概念を「概念・法則」「知識・技能」と捉えることにとどまってきたことを批判的に検討し、「教育内容」を学習者の視点から捉え直すことを提起して

いる。

　「『教育内容』はあらかじめ教師によって準備される内容であり、確かにそれを『概念・法則』などと捉えることはできる。しかし同時に、『教育内容』とは、『教材』を通した学習によって学ばれる内容である」(4)

　生徒が行っているアルバイトの労働とその賃金、経営者の利益と人件費の関係など、高校生が生きている現実世界と関連づけて、概念や知識を捉えさせる仕掛けにはなっていない。ここで学ぶ知識がなぜ必要かを実感できない教材を提示する教師に対する異議申し立てが、「わけわからん」であったのではないか。この授業が、今生活している社会の実態を知り、これからの生き方を考えるものになっていないために、学ぶ意味を実感させることができなかったのである。高校生が生きる現実世界の中で「市場経済のしくみ」を学ぶのであれば、絵本の中で描かれるお話を、生徒たちの労働の現実から捉え直し、生活者の視点で「市場経済」を学ぶ学習の仕組みが考えられるべきであったのだろう。絵本『レモンをお金にかえる法』の提示の仕方は、学習者としての高校生を見くびったものであったと言わざるを得ない。

2．子どもの生活と切り結ぶ教材を探す

2.1　コンビニエンスストアを教材に授業をつくる

　日常生活と切り離された概念をわかりやすく解説されても、生徒はそんなものに興味を示さない。そこで、彼らの日常生活を観察し、その中に経済学習に発展させることができる教材がないか探ることにした。

　私が教えている生徒の中にとても気になる生徒がいた。その生徒は、朝早く家を出ているのだが、学校に到着するのはいつも3、4時間目。何をしているのかを聞くと、まるで犬がマーキングをするかのように、学校までにあるコンビニに立ち寄って、一回りし、雑誌を読んでいるという。店員に注意されないのか聞くと、「先生は何も知らんな、コンビニでは絶対注意しないよ」とのこと。コンビニはそんなに面白いのか聞くと、「面白いっていうか、日課になっ

ているから」との答えが返ってきた。生徒に取材していくと、ほとんどの生徒が毎日のようにコンビニに立ち寄って、時間をつぶしている。

　コンビニの商圏は500mだから、生徒の自宅から5分以内に1軒はあることが想定される。当時からコンビニは様々なサービスを提供していたし、自治体によっては住民票だってとれた。チケットの販売からインターネット通販の商品の受け取り場所にもなっていた。セブン・イレブン1号店が東京都江東区にオープンするのは1974年、翌年にはローソンの1号店が大阪府豊中市桜塚にできる。2000年当時、スーパーマーケットは売り上げを落として倒産に追い込まれているところもあるのに、コンビニの大手チェーンは順調に成長していた。教材としてのコンビニは多様な学習内容を含んでいそうだと考えて教材開発を始めた。日本の小売業の歴史の中にコンビニを位置づけ、持続的に店舗数を伸ばしていくコンビニの経営戦略の秘密は何かを追究していくと、商品配置を工夫し、収集した情報を分析することで売り上げをのばす経営、コンビニチェーンの経営指導など、『レモンをお金にかえる法』とは比べものにならないリアルな「市場経済のしくみ」の一端が見えてくる。開発したものは教材「コンビニの秘密」（10時間扱い、以下「教材：コンビニ」と表記）である。授業のねらいと内容はおおよそ以下の通り。

（1）授業のねらい
　①フィールド・ワークを取り入れることによって、コンビニの店内を調べさせ、商品配置に様々な工夫がされていることを理解させる。
　②フランチャイズ方式をとるコンビニの仕組みを理解させる。
　③POSシステムを調べることにより、現在のコンビニが様々な情報の収集と情報分析を行うことで急成長してきたことを理解させる。
　④これからのコンビニがどうなるかを予想して、根拠を明らかにしながら討論させることにより、論理的に表現をする力を養う。

(2) 授業内容の概要
　①クイズ「コンビニの達人になろう」（初めてコンビニが生まれた国はどこ、日本ではいつ生まれた、全国のコンビニの店舗数、商圏はどれくらい、コンビニにある商品はどれくらい、もっとも売れる商品は何、……）
　②フィールドワーク「コンビニの店内を調べてみよう」
　③コンビニの店内配置に仕組まれた工夫を解明する。
　④スーパーマーケットをしのいで、コンビニが急成長しているのはなぜ。
　⑤情報を収集し、分析することで売り上げを伸ばす（POSシステムの導入）

(3) 教材の評価
　教材開発を行った場合、その教材が生徒にどう受け止められ、生徒の主体的な「学び」をどの程度つくり出したかを見極める必要がある。教師の独りよがりにならないよう、質問紙によって生徒の授業印象を問い、その数量データと生徒が書く自由記述の内容を分析し、一つひとつの教材の適否を判断することが必要である。その教材の適否を判断する最も重要な基準は、生徒がその教材をどう受け止めたのかを分析することである。
　授業後質問紙（表1−1）を考え、授業参加意識、教科の面白さ、授業に取り入れたフィールドワーク、コンビニという教材の印象などを問うた。

表1−1　授業印象についての質問項目（4ポイント評定）

項目1	題材がコンビニだったので、授業に興味がもてた。
項目2	資料を読んで設問を考えるのは良いことだと思う。
項目3	生徒が調べた「コンビニ店内の図」を授業で使ったので、「コンビニが店内の商品配置を工夫していること」が理解しやすかった。
項目4	「コンビニ」の授業の最初に、クイズのように授業を進めたのが良かった。
項目5	現在の日本の小売業の実態や様子がわかった。
項目6	世の中では、的確な情報を手に入れるとともに、その情報を分析する力が大切だということがわかった。
項目7	「現代社会」の授業は面白い。
項目8	コンビニの授業では、授業に参加したと感じた。

「はい」と「どちらかといえばはい」を「はい」、「どちらかといえばいいえ」と「いいえ」を「いいえ」として、分析に持ち込んだ。

41名の生徒のうち、当日欠席5人、未提出者3人を除く33人分のデータが得られた。そのうち、不良データ2人と授業欠席が多い生徒（4時間以上欠席）3人を除く28人分のデータを利用して、1×2の直接確率計算法（両側検定）による有意差検定を行った。

それまで学習を放棄しているかに見えた生徒の授業印象では、「コンビニ」の授業に参加したと感じた生徒が有意に多かった（項目8：「はい」23人「いいえ」5人、$p = .001$）。その要因のひとつがフィールドワークを取り入れた授業づくりの仕掛けであったと考えられる。生徒たちが調べてきた店内配置図を使って商品を買わそうとするコンビニの商品配置を考えることで理解が進んだとする印象を持った生徒が有意に多かった（項目3：「はい」23人「いいえ」5人、$p = .001$）。また、コンビニ成長の背景に情報を収集してそれを生かした販売戦略があることを理解させるためにPOSシステムを取り上げたが、情報分析の重要性を理解することができたとする生徒が有意に多かった（項目6：「はい」22人「いいえ」6人、$p = .004$）。

しかし、コンビニを教材として扱ったことについて尋ねた項目1では、授業に興味を持てたとする生徒の印象に有意差はなかった（「はい」17人「いいえ」11人、ns）。また、「現代社会」という教科が面白いか尋ねた項目8では、面白くないと回答する生徒が有意に多かった（「はい」8人「いいえ」20人、$p = .036$）。

「教材：コンビニ」を開発する段階で、私が考えたことは生徒に授業参加して欲しいということだった。マンガやウォークマンより授業の方が面白そうだと思わせることだった。最初に「コンビニの達人」と名付けたクイズを取り入れ、フィールドワークで自分が調べた店内配置図が教材として取り上げられる授業構成を取ったことで、授業に参加してみようという意識を持たせることができたと思われる。また、POSシステムを使って情報を収集・分析することで売り上げをのばす現代の小売業の実態も理解させることができた。しかし、

コンビニを扱うことで新奇さを印象づけたかもしれないが、興味を持ったとする生徒が有意に多かったわけでもないし、それまで授業そのものに興味を持っていなかった生徒の印象を激変させて、「現代社会」は面白いと思わせることはできなかった。

　授業後、教材「コンビニ」について、生徒を授業に引きつける教材であり、フィールドワークも設定でき、情報化社会の一端を見せることができる教材である点で現代の「市場経済のしくみ」の一面をリアルに捉えさせることができる教材と評価した。その上で、教材「コンビニ」に盛り込まれた素材が店内配置とPOSシステムだけであったために、コンビニの実相を総合的に捉えるもになっていなかったことが、教科観を転換させるものにならなかったと総括し、2001年度には教材「コンビニ」に盛り込む素材を多く設定し、そこから引き出させる知識をつなぎ合わせて、多角的に「市場経済のしくみ」を捉えさせることを考えた（詳細は第2章）。

2.2　携帯電話を教材にして授業をつくる

　同じような視点で、世界経済を見据えた教材がないか考えた。2000年当時、携帯電話を持っている1年生は1クラス41人中39人で、すでに携帯電話は高校生にとって必須のアイテムであった。1ヶ月15000円以上の料金を払っている生徒が約半数で、クラスの約8割の生徒が通話料金を支払うためにアルバイトをしていた。大企業の利益追求の前には、高校生も例外ではない。小遣いだけでは賄えないために、時給700余円のアルバイトに精を出し、その賃金でさえ吸い上げられていく。その姿は、通信インフラに多額の資金が必要ないため、爆発的に携帯電話の普及する途上国で、モトローラやノキアなど先進国の多国籍企業に収奪される途上国の姿と同じであった。

　生徒が毎日カチャカチャやっている携帯電話は、経済のグローバル化の中で情報がビジネスになる世界を見せてくれる。そこで、高校の「現代社会」で教材「ケータイは情報化社会をどう変えるか」（12時間扱い、以下「教材：ケータイ」と表記）を開発した[5]。授業のねらいと内容は以下の通りである。

(1) 授業のねらい
　①iモードの発売以降、日本の携帯電話が急速に普及していることを押さえるとともに、携帯電話がどのように利用されているかをクラスの利用実態と関連させて理解させる。
　②iモードの基本コンセプトである「インターネットのコンビニ」のねらいを考えさせる。
　③iモードに様々なコンテンツを提供する企業とそれを取り次ぎするNTTがどのようなシステムで利益を得ているかを理解させる。
　④携帯電話で販売されるゲームや占いなどのサイトの増加が利用料金を引き上げ、その結果として高校生がアルバイトに明け暮れる現状を生んでいることを押さえる。
　⑤gooリサーチを取り上げ、携帯電話がリサーチサービス企業にとって注目されている理由を理解させる。
　⑥フィンランドでの携帯電話サービスを新聞から調べ、同様のサービスが日本でも進められていることを押さえるとともに、未来の携帯電話が持っている可能性を理解させる。
　⑦NTTドコモがTA＆Tに資本出資したことを報道した新聞記事を取り上げ、それが翌年から販売予定のW-CDMA方式を世界標準にするための戦略であることを理解させる。

(2) 授業内容の概要
　①世界の携帯電話所有台数と普及率（所有台数世界一の米国、普及率世界一のフィンランド　2000年段階）
　②携帯電話は、インフラの多額の投資をする必要がないため、途上国で急速に普及している。
　③iモードの基本コンセプトは「インターネットのコンビニ」。
　④iモードにコンテンツを提供する企業の収益（単価200～300円のコンテンツと課金システム）

⑤ゲーム「釣りバカ気分」を提供する企業ドワンゴの収益と利用料金
⑥生徒の携帯電話料金調べとアルバイトの有無・時給
⑦携帯電話の可能性（リサーチビジネス、自動決済機能、ナビゲーション機能、高度情報端末など）
⑧auは韓国で使えるのにドコモが使えないのはなぜ（世界の通信方式）
⑨世界標準をめざすドコモの戦略は成功するか
（2001年の実践では、⑨世界最大の電話会社ボーダフォンが日本テレコムを買収したねらいは？、を追加した）

（3）教材の評価

12時間の授業が終わった段階で、質問紙を使って「教材：ケータイ」についての授業印象を問うた。質問紙は以下の通り（表1-2）。

表1-2　授業印象についての質問項目（4ポイント評定）

項目1　授業内容がケータイだったので、授業に興味がもてた。
項目2　授業が教科書から離れて身近な問題を扱うので楽しかった。
項目3　クラスの人たちにアンケートをとって、3組のケータイの利用状況を授業に使ったのはよかった。
項目4　「携帯電話」の授業の最初に、クイズのように授業を進めたのはよかった。
項目5　新聞の記事をプリントにして授業で扱ったのはよかった。
項目6　メールや電話機能の外にたくさんの情報が提供されていることがわかった。
項目7　NTTドコモや情報提供をしている会社が、どのようにして利益を得ているかわかった。
項目8　ケータイを使っていると利用料金が高いのが悩みだ。
項目9　今のケータイは、利用者にたくさんのお金を使わせるようなしくみになっていると感じた。
項目10　NTTドコモが海外の会社にたくさん資本を出している理由がわかった。
項目11　現代社会の授業はおもしろい。
項目12　「携帯電話」の授業では、授業に参加したと感じた。

「はい」と「どちらかといえばはい」を「はい」、「どちらかといえばいいえ」と「いいえ」を「いいえ」として、分析に持ち込んだ。

41名の生徒のうち、当日欠席者7人を除く34人のデータが得られた。そのうち、欠席の多い生徒（12時間中6時間欠席）1名と不良データ1名分を除く32人分のデータを利用して、1×2の直接確率計算法（両側検定）による有意差検定を行った。

　「教材：ケータイ」は、生徒の日常的な生活の中で使われる携帯電話を授業に仕組むことで、授業内容が生徒の授業参加をつくり出すという仮説を検証するために行ったものである。授業内容が授業に興味を持たせるものになったかをたずねた項目1では、「授業に興味が持てた」とする生徒が有意に多かった（「はい」26人、「いいえ」6人、$p = .001$）。また、教科書を離れて自主教材を仕組むことについて尋ねた項目2では、ケータイの授業が身近であり楽しいものであったとする生徒が有意に多かった（「はい」25人、「いいえ」7人、$p = .002$）。

　クラスの生徒の携帯電話利用状況調査の結果を授業で使ったことがよかったと回答する生徒が有意に多かった（「はい」27人、「いいえ」5人、$p = .000$）。高校1年段階で携帯電話を持つ生徒が多く見られる現状から推測すると、クラスの仲間の利用状況を取りあげたことが授業に対して積極的な姿勢をもたらしたと考えられる。

　携帯電話の様々な機能について授業で扱ったが、携帯電話が多くの情報を提供していることがわかったとする生徒は有意に多かった（項目6：「はい」26人、「いいえ」6人、$p = .001$）。また、iモードでドコモとコンテンツ提供企業が利益を得るシステムを理解させることを授業のねらいの一つとしたが、その点を理解した生徒が有意に多かった（項目7：「はい」27人、「いいえ」5人、$p = .000$）。一方、現在の携帯電話が利用者にたくさんの金を使わせるしくみになっていることを授業で明らかにしたが、携帯電話の課金システムが利用料金を増加させるもとにあると感じた生徒が有意に多かった（項目9：「はい」27人、「いいえ」5人、$p = .000$）。特に、有効データのうち携帯電話利用者が27人もおり、その利用者の4分の3の生徒が利用料金が高いことに悩んでいることから、生活実感としても、携帯電話の課金システムが利用者にたくさ

第1章 子どもの「学び」を引き出す「教材」と「教育内容」 19

んの金を使わせるしくみになっていることを実感を持って理解したと考えられる（項目8）。

現代社会の授業が面白いか尋ねた項目11については回答に有意差はなかった（「はい」17人、「いいえ」15人、ns）が、「教材：コンビニ」を実践した直後の調査では、現代社会を面白くないと答えた生徒が有意に多かった（p＝.036）ことから考えると、生徒の身近な生活現実と切り結んだ教材を自主編成して教えたことが、現代社会の授業を徐々に楽しく感じさせる方向に変化させてきたと推測できる。

一方で、経済のグローバル化の中で、世界標準を確立することが重要な戦略であることを理解させることを授業のねらいとしていたが、ねらいが達成されたと見なせなかった。独自の通信方式のため、国際社会の中で孤立状態にあるNTTドコモが、近年世界各地の携帯電話会社に相次いで出資していることを取り上げ、ドコモが次世代携帯電話の通信方式として採用しようとしているW-CDMA方式を世界標準にするという世界戦略を進めていることを授業で扱った。国際社会の中で世界標準になることが国際経済で生き残る道であり、世界市場を視野に入れた経済が展開していることを、身近な携帯電話を扱うことで理解させようと意図した教材であったが、ドコモが海外の会社に出資している理由を十分に理解させるものとはならなかった（項目10：「はい」20人「いいえ」12人、ns）。

この点については、教材の構成と提示の仕方に問題があったと考えられる。生徒が「通信方式」「世界標準」「経済のグローバル化」について解釈できる予備知識を持っているとは想定できなかったため、私が描いた授業構成は、①世界に4つ通信方式がある、②そのうち世界で一番多く使われているのがGSM方式である、③ドコモが使っているのはPDC方式で少数派である、④ドコモの携帯電話が韓国やアメリカで使えないのは通信方法の規格が違うから、⑤ドコモがアメリカのAT&T携帯会社に出資してiモードの世界展開を狙おうとしている（「朝日新聞」2000.11.22）、⑥同様にドコモがアメリカと台湾の携帯電話会社にも1兆円を超える出資を行うこと（「朝日新聞」2000.12.1）、⑦ド

コモが新たに売り出そうとしている次世代携帯電話はW-CDMA方式である、⑧その結果、世界の携帯電話の勢力図が「cdma2000 3X」と「W-CDMA」2つになることが予想される、⑨日本国内では「cdma2000 3X」方式をKDDIが、「W-CDMA」方式をドコモと日本テレコムが採用する見通しである、ことをスモールステップで読み解いていけるような資料を提示するものであった。

　授業後、生徒は、「ドコモが世界進出を狙っていることがわかった」「ドコモが賭に負けたらどうなるのだろうと心配になった」などの感想を書いているので、ドコモが新通信方式を採用する新しい携帯電話で世界進出を狙っていることは理解していると考えられるが、ドコモの新通信方式が世界標準を狙ったものであること、経済のグローバル化の中で世界標準になることが世界の携帯電話市場を支配することになること、を理解させるものとはならなかった。2001年の「教材：ケータイ」では、世界最大の電話会社ボーダフォンが日本テレコムを買収した目的がiモードの技術を手に入れることであったことを組み込んで教材をヴァージョンアップしたが、「世界標準」「経済のグローバル化」を組み込んで教材を解釈するには至らなかった。

　授業のねらい⑦を実現するためには、「世界標準」や「経済のグローバル化」を解釈するための教材を提示する必要があった。当時の実践記録を読み解いてみて、現時点で構想を考えると、VHSとベータ方式があったビデオデッキの規格が、技術的には優秀であったベータ方式が破れVHSが世界標準になったことを例示して、技術よりも販売戦略を駆使したVHS側の市場占有率が世界標準を勝ち取ったことを教材化すれば理解を助けたのではなかったかと考える。

おわりに

　上記2つは、生徒の身近にある素材を教材化することをコンセプトに開発した教材である。そして、このような教材を使って「市場経済のしくみ」の授業を構成することで、生徒の授業参加をつくり出し、「市場経済のしくみ」の一

端を理解するようになるだろうという仮説を検証するために設定した実験授業であった。「教材：コンビニ」の授業の場合、コンビニだから興味を持てたとする生徒には有意差がなかったが、授業に参加したと回答する生徒は有意に多かった。一方、「教材：ケータイ」の場合、授業内容が携帯電話に関するものであったため興味が持てたという生徒が有意に多かった。また、授業に参加したと感じた生徒も多かった（「はい」22人「いいえ」10人、p＝.050、有意傾向）であったことから、身近な素材を教材化して授業を仕組むことで生徒の授業参加を引き出すことが示唆された。

しかし、教育内容の理解については、教師側の意図した目標を完全には理解させるものとはならなかった。「教材：コンビニ」の場合、現在のコンビニが様々な情報の収集と情報分析を行うことで急成長してきたことについては理解できたとする生徒が有意に多かったが、現在の日本の小売業の実態ついて理解できたとする生徒に有意差はなかった。戦後日本の経済史の中に個人商店、デパート、スーパーマーケット、ユニクロなどの専門店を位置づけたが、核家族化や単身世帯の増加などそれぞれの時期に購買層が変化していることと関連づけて把握するように教材が構成されていないという欠陥があった。

一方、「教材：ケータイ」の場合、携帯電話の課金システムや「インターネットのコンビニ」をコンセプトにしたｉモード携帯が利益を増やすしくみは理解できたとする生徒が有意に多かったが、グローバル化する経済の中で、世界標準を確立するためにドコモが打ち出している世界戦略を理解できたとする生徒に有意差はなかった。藤原顕は、「『教材』を通した『教育内容』の学習を、『教材』として示される記号を解釈し、『教育内容』に相当する解釈内容を生み出すこと」と見なし、「授業では『教材』として示される記号の解釈が変化すること、そして様々な記号の解釈内容のまとまりが『教育内容』に相当する」と定義した[6]。藤原は、授業以前に子どもたちが「記号」に対して解釈できる状態にあることを想定しているが、生徒は、「通信方式」「世界標準」「経済のグローバル化」という「記号」について解釈できる予備知識を持っていなかったと考えられる。日常的に携帯電話に高い電話代を払っていること、その

ために時給700余円のアルバイトに精を出さなくてはならないこと、そしてその給料も電話代に消えていく現実についての実感はあるので、「インターネットのコンビニ」をコンセプトにしたiモードや課金システムについて解釈をし、資本主義経済の中で収奪される消費者の姿は理解できたが、予備知識がない「世界標準」や「経済のグローバル化」を前提にしたドコモの世界戦略を解釈できなかったと考えられる。

　藤原の指摘する様々な記号の解釈内容のまとまりを「教育内容」として把握できるようにするためには、一つ一つの事象を解釈し、それを繋いでまとまりとして理解させるような仕掛けが必要となると考えられる。　　　（井ノ口貴史）

注
(1) 森脇建夫「教材と学習者の間に」グループ・ディダクティカ編『学びのための授業論』勁草書房　1994年　pp.173-74
(2) 子安潤「教材」恒吉宏典、深澤広明編集『授業研究』明治図書　1999年　p.152
(3) 藤岡信勝『授業づくりの発想』日本書籍　1989年　p.78
(4) 藤原顕「「学習の仕組みから『教育内容』概念を捉え直す」グループ・ディダクティカ編　前掲書　p.129
(5) 拙稿「『ケータイ』から世界が見える」日本国際理解教育学会『国際理解教育』VOL.8 pp.50-63、拙稿「ケータイからグローバル化を考える」『歴史地理教育』 2003年3月号
(6) 藤原　前掲書　pp.143-145

第2章 「コンビニ」を素材に教材をつくる

はじめに

　本書の執筆者である倉持と井ノ口は、倉持は小学校、井ノ口は高校と校種は違ったが、ともにコンビニエンスストア（以下「コンビニ」と表記）という素材に魅力を感じて教材化を試みてきた。二人とも、子どもたちの興味や関心を引き出しつつ、子どもたちの主体的な「学び」をつくり出す可能性があると感じていたからである。

　本書執筆の打ち合わせをする段階で、小・中・高校で共通して扱うことができる教材がないかを検討した。その際、期せずして二人の授業実践の中から出てきたのがコンビニであった。コンビニを教材として扱う場合に、小学校ではどのような教育内容を引き出すことができるか、それを受けて、中・高校の教育内容ではどこまで発展させることができるか、ディスカッションしながらこの章の執筆にこぎ着けた。

　本章では、倉持が、小学校3・4年生の地域学習の教材として、小学校でコンビニを扱った4時間プランを提示する。一方、井ノ口は、中・高校を想定して開発してきた教材「コンビニから見えてくる日本の社会」を提示し、生徒の授業評価をもとに教材としての可能性を検討する。

1. 教科書でのコンビニの扱い

1.1 小学校

　小学校の教科書では3・4年でコンビニを取りあげている。コンビニが登場するのは、「店ではたらく人」の単元である。「店ではたらく人」の単元では、平成23年発行のどの教科書もスーパーマーケットを中心に記述されており、コ

ンビニに関する記述内容はさまざまである。

■【光村図書3・4上】
　買い物に行った店として、スーパーマーケット、八百屋・パン屋の小売店に次いで、コンビニを登場させている程度である。

■【教育出版3・4上】
　買い物にいった店の一つとしてコンビニが登場している。また、「コンビニのよいところ」として、いつでも開いている、日用品がそろっている、お金を払い込んだり荷物を送ったりできる、家の近くにあるなどと紹介されている。

■【東京書籍3・4上】
　近所の小売店・商店街・大型専門店と並んで、いろいろな店の一つとしてコンビニを取りあげている。また、コンビニのくふうしている点として、生活用品がそろっている、お金を引き出す機械がある、宅配便を送ることができる、電気代・電話代の支払いができるなどをあげている。

■【日本文教出版3・4上】
　コンビニは、スーパーマーケットに次ぐ買い物先として取りあげられている。また、24時間開いている、生活に必要なものを売っている、銀行のキャッシュコーナーがあって便利などとコンビニの特徴づけをしている。

■【日本文教出版3・4上（旧大阪書籍）】
　コンビニは、スーパーマーケットに次ぐ買い物先として取りあげられている。暮らしを支えるいろいろな店として、24時間開いていて買い物ができる、ふだん使うものがそろっていると紹介している。

　光村図書以外は、コンビニの特徴についての記述がある。どの教科書にも載っているコンビニの特徴は、長時間営業していること、日常生活に必要なものを売っていることである。2つの特徴は、コンビニの販売上の工夫を指している。学習指導要領の第3学年及び第4学年の内容（2）に「地域の人々の生産や販売について、次のことを見学したり調査したりして調べ、それらの仕事に携わっている人々の工夫を考えるようにする。」を受けてのことであろう。

その他に、教育出版・東京書籍・日本文教出版の3社は、コンビニを買い物する場所としてだけでなく、キャッシュコーナーがあり、電気代・電話代の支払いなどができる、多角的な機能をもった場所として紹介している。これもまた、コンビニの販売上の工夫の一つである。

1.2 中学校

中学校の教科書でコンビニの記述がみられるのは、公民的分野の教科書を発行する7社（東京書籍、帝国書院、教育出版、日本文教出版、清水書院、育鵬社、自由社）である。その中で、コンビニをテーマに詳しい記述がみられるのは、平成17年度版と23年度版の東京書籍『新しい社会　公民』と帝国書院『中学校の公民』である。

■帝国書院『中学校の公民』（平成17年度版）

経済学習の中で、見開き2頁を使って小売業が経済のしくみの中でどのような位置づけになっているかを「コンビニエンスストアからみた流通」というテーマで掘り下げている。生徒の身近にあるコンビニを例に、生産者と消費者をつなぐ流通の役割を学ぶことがねらわれている。コンビニの流通のしくみ、POSシステムによる商品管理、さまざまなサービスの流通拠点という視点からコンビニを取り上げている。

■帝国書院『中学校の公民』（平成23年度版）

平成23年度版からは「コンビニエンスストアからみた流通」というテーマ学習は消えている。代わって、流通の役割を説明する記述の部分で、実際の社会で使われるPOSシステムをコンビニの事例で取り上げ、コンビニの販売戦略を説明している。

■東京書籍『新しい社会　公民』（平成17年度版）

「公民にアクセス」というコーナーで「コンビニの挑戦」を取り上げている。コンビニ業界が、「時代の変化に対応し、つねに新しいことに挑戦」しているとして、具体的にATM（現金自動預払機）の設置、郵便ポストの設置、インターネット注文による書籍や各種チケットの取り扱いなどを例示してい

る。ここで使用される写真（POSシステム）のキャプションとして「バーコードをスキャナーで読み取り、商品ごとの売り上げ情報を収集・分析システム」との説明が書かれている。

■東京書籍『新しい社会　公民』（平成23年度版）

第4章「私たちのくらしと経済」の扉絵にコンビニエンスストアの店内を示し、子どもの絵の吹き出しで「コンビニエンスストアは、売り上げをのばすためにどのようなくふうをしているのだろう」と、追究課題を提示している。それに続いて、「コンビニエンスストアの経営者になってみよう」というテーマで、あなたがコンビニの経営者だとしたら、絵に描かれた郊外のまちの5つの候補地の中で、どこに開店するかという課題を提示する。判断材料に示されるのは、5地点の立地条件の説明、3つの円グラフ（売上高にしめる各商品の割合、利用客の年齢別割合、一人の利用客が利用する頻度）である。生徒が、それぞれ与えられた条件やデータをもとに開店場所を選び、その判断理由を交流するという授業が想定されている。この学習を通じて、第4章では、経済とは何か、だれが、どのような経済活動をしているのかを学ぶなどの教育内容を示している。

コンビニの記述がない育鵬社を除いて、その他の公民教科書では「商品と貨幣の流れ」のなかでコンビニが記述されている。一方、地理教科書では、教育出版『中学社会　地理』（平成23年版）がアメリカ文化の中でコンビニを紹介している。東京書籍『新しい社会　地理』（平成23年度版）と日本文教出版『中学社会　地理的分野』（平成23年版）が第3次産業の中でコンビニを扱っている。

2．社会科教育実践史の中でのコンビニの扱い

2.1　小学校の実践

「店ではたらく人」の単元でとりあげられる商店は、1980年代までは小売店

が圧倒的に多く、1980年代後半から商店街が取り上げられるようになり、1990年代の終わりごろからスーパーマーケットへと変化していった。コンビニを教材にして扱った実践は少ない。

福島県郡山市の小学校教師であった田母神真一はコンビニを授業で扱った[1]。「本来は、商店街の形成や専門店の役割を学習すべきところ」だったが、急速に住宅地化した校区だったために、近くに商店街ができておらず、学校の近くにコンビニが開店しているという事情があった。そこで、「商店街のなかった校区になぜCS（注　コンビニ）ができたのか考えさせ、事前に学習した駅前商店街との比較を通して商店街の崩壊や商業地域の拡散、商店の形態の変化をとらえさせる」ことにねらいを設定している。

実践は、導入に1時間、見学（放課後の取り組み）、まとめに1時間をあてている。導入では、郡山市では商店全体は減っているのにコンビニだけは増えていることを示し、コンビニが増えた理由を追究させようとしている。子どもたちは、「コンビニはどんな工夫をしているのだろう」という問いを立てて見学に向かう。見学後のまとめの授業では、なぜコンビニに買いに行くのか、どんな商品を買いに行くのか、いつ買いに行くのかを発問しながら、生活に必要なものがいつでも手に入るというコンビニの特徴をあげ、店の数が増えた理由をまとめている。

田母神実践の特徴は、「なぜコンビニは増えたのか」という学習課題から、コンビの特徴を浮き彫りにしようとした点にある。「一つの店で商店街のいくつかの店の役わりをしていること」「買い物に行って何時でも買い物ができること」「生活に必要な食料から衣料まで取り扱っていること」をコンビニの特徴として押さえている。しかし、これらの特徴は、消費者の目線でコンビニが利用される理由を解き明かしたにすぎない。子どもの疑問である「コンビニはどんな工夫をしているのだろう」には答えていない。

『コンビニ弁当16万キロの旅』[2]には、クイズ形式でコンビニの販売上の工夫を知ることができておもしろい。コンビニの数、1つのコンビニにおいてある商品の数、コンビニでよく売れるものなどの「見えるもの」から、品物の仕入

れの仕方、POSシステム（販売データの利用）など「見えないもの」まで、販売に関する工夫が紹介されており、子どもたちにコンビニへの興味を持たせる入り口になる。

『楽しい社会科の授業　3・4年』[3]には、「コンビニで売っているものは？～お店の仕事～④」という授業案が載っている。

「スーパーマーケットより小さくして、常時働く人は2～3人、品物を多種類少数仕入れに徹底し、あらゆる地域に林立してきている"コンビニエンスストア"の仕事を教材にします。」とある。

授業は、コンビニへの見学前の学習として設定されている。まず、校区にあるコンビニの場所を確認し、「校区のコンビニ地図」をつくっていく。そして、コンビニの写真画像で店内の様子を見せ、どこに何が売られているのかを確かめ、「コンビニの店内地図」をつくる展開になっている。

見学前の学習として商品に注目させ、コンビニに関心を持たせようとしていることはわかる。しかし、見学時に品物と働く人の様子を見てくるように呼びかけ、いったい何を教えようとするのだろうか。「コンビニの仕事を教材にする」とあるが、コンビニの仕事として何を教えるのかがはっきりしないのが残念である。

2.2　中学・高校の実践

中学校でコンビニを扱った実践報告（記録）は決して多くない。

東京の私立中学校の江里晃が、「ふだん利用することの多いコンビニエンスストアを取り上げることによって、流通、労働などの問題を生徒たちに理解してもらう」として、中学公民の学習で、①コンビニが増えた理由、②コンビニの工夫（POSシステムなど）、③コンビニの経営（フランチャイズ契約）、④コンビニの問題点は何か、を柱に教材化している。江里は、まとめとして、生徒の間に生まれた様々な疑問を取り上げ、もっと具体的な資料を提示し期間をかけてやればよかったとした上で、「生徒たちの身近なものを授業でどう取り上げるかがだいじであることをあらためて感じた」と締めくくっている[4]。

大阪府東大阪市の公立中学校の河原和之は、中学1年生の地理学習の「第3次産業」の授業でコンビニを教材化している。河原は、子どもにコンビニについて疑問に思っていることを書かせ、これらの疑問を解き明かすことから、コンビニの本質に迫っている。コンビニの特徴を、「営業時間」「距離」「小規模」「情報化による効率化」「フランチャイズ」の5点からまとめ、配送形態のシミュレーションを取り入れつつ、単身世帯の増加がコンビニ成長のひとつの要因であることを明らかにする。最後のコンビニのレジの実物を教具として使って、POSシステムの学習を通して情報化社会とコンビニ隆盛の関係をさぐっている[5]。

高校では、井ノ口貴史が「現代社会」の授業での実践報告を書いている。授業のねらいは以下の5点を設定している。

①フィールド・ワーク（FW）を取り入れることによって、コンビニの店内調べをさせ商品配置に様々な工夫がされていることを理解させる。
②フランチャイズ方式をとるコンビニの仕組を理解させる。
③ユニクロ成長の背景を取り上げ、スーパーマーケットの成長が止まったことを押さえるとともに、コンビニが消費者の動向を的確につかんで変化を遂げていることを理解させる。
④POSシステムを調べることにより、コンビニ成長の陰に様々な情報の収集とその情報の分析があることを理解させる。
⑤コンビニが電子商取引に積極的に乗り出していることを理解させる。
⑥コンビニの食品廃棄に注目させ、食品リサイクル法に対処するコンビニの試みを押さえるとともに、日本の食料自給率の問題に注目させる。
⑦新聞記事から日本と中国の農家の実情を読みとり、日本が発動したセーフガードが必要な政策かどうかを考えさせ、意見表明させる[6]。

高校の総合学習で和光高校が「おにぎりの食べ比べとマーケティング」「店舗の観察と経営者インタビュー」「パソコンでコンビニ経営を疑似体験」を展開した実践を報告している。しかし、POSシステムには触れておらず、情報の収集と分析がコンビニ経営の根幹である点の押さえはない。また、情報化社

会の中でコンビニが注目されている現状についての追究は見られない。マーケティングとコンビニ疑似体験で商品配列の工夫を考える程度では、コンビニが現代日本の中で急成長している背景や社会システムを理解したことにはならないといえる[7]。

実践報告ではないが、大谷猛夫が、コンビニを取り上げる視点として、「商業の発展（変化）を見ることは社会科学習の中でもとりあげていかなければならない分野であるが、中学・高校の社会科の中でとりあげることは多くはなかった」として、「第三次産業人口が最大になっている状況から、このことをとりあげることが現代社会にせまる有力な手がかりになるかもしれない」と指摘している[8]。

中・高校での実践には、小学校の実践と比べると、フランチャイズ方式、情報化社会、廃棄食品の問題、単身世帯の増加という社会の変化が付け加わっている。

3．小学校での教材化の試み──コンビニで何を教えるか

学習指導要領でも教科書でも、コンビニを教材にしたこれまでの実践の中でも、小学校でのコンビニの扱いは、販売に携わっている人々の工夫に気づかせることがポイントになっている。

では、コンビニでの販売上の工夫とは何だろうか。小学生には、商品の配送方法や販売データを利用するPOSシステムなどの「見えない工夫」を扱うのではなく、お客の購買意欲を高める店内の「見える工夫」を扱いたい。

コンビニは100m²店舗の中に約3000品目を並べている。そのスペースの中で、お客がつい買いたくなるような3つの商品陳列を設定している。1つめは、左前の入り口から入ってすぐ右に雑誌を置き、お客を左回りに誘導する並べ方である。2つめは、利き手（右手）側に商品がくるようにし、取りやすくしている。3つめは、よく売れる商品は壁面にくるようにしている。さらに、小物や新商品はレジ周辺に並べて、衝動買いしやすくしていることもある。

第2章 「コンビニ」を素材に教材をつくる　31

コンビニ店は、お客がよく買うように商品を並べていることに気づかせることが授業のねらいになる。

《コンビニを教材にした授業プラン(9)》

　授業のねらいは、「コンビニは、よく売れる商品を買いたくなるように並べていることに気づかせる。」としたい。そして、事前準備として、一週間の間にコンビニでの買い物調べを課題にする。授業の展開は以下の通りである。
①まず、1週間の間にコンビニで何を買ったのかを尋ねる。ペットボトルのお茶やジュース、おにぎり、お菓子などの返答があるだろう。子どもたちから出てきた商品を板書し、自分が買ったものに手をあげさせていく。お茶やジュース類が半数近くあるだろう。2位はおにぎりやお弁当、3位はお菓子といったところだろうか。
②次に、お客さんがいつでも利用できるように24時間いつでも開いているコンビニには、約3000種類もの商品が並んでいることを知らせ、中でもよく売れる商品が何かを予想させる。1位はおにぎり・お弁当・サンドウィッチ、2位はお酒、3位はお茶やジュース、4位はファストフード、5位は雑誌や本であることを知らせる。
③ここで、商品配置をかいたコンビニの一般的な店内の図を配る。(右図参照) そして、子どもには赤鉛筆を持たせ、

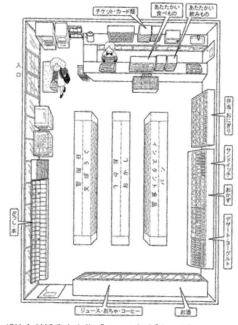

(『社会科授業大全集［3・4年上］』p.55)

コンビニの入り口に立たせる。自分がコンビニで買い物をした時のことを思い出して、商品を買った順に、最後にレジに立ち寄るまでの道順を赤鉛筆でたどらせていく。どのように動いたかを意識させることによって、コンビニではどのように商品を並べているのかを気づかせようとするためである。
④子どもたちは、「お店を一周している。」「店の中をぐるぐる回って買い物をしている。」ことを発見する。「コンビニの商品の並べ方を見て気づくことは？」と発問すれば、「よく売れる商品は壁の方に並んでいる。」「よく売れる商品は店の奥の方に置いている。」と気づくだろう。

　授業を受けた子どもたちに、いろんなコンビニを回って、商品の並べ方を調べさせたらおもしろいと思う。

4．中・高校を想定した教材「コンビニから見える日本の社会」

　2000年の「教材：コンビニ」をベースに、高校「現代社会」の教材として「コンビニから見える日本の社会」の開発を続けてきた。教材構成は以下の通り。
①クイズ「コンビニの達人になろう」――コンビニについての基礎的な知識を共有する。
②フィールド・ワーク（FW）を取り入れ、コンビニの店内調べを通して、商品配置に様々な工夫がされていることを押さえる。
③日本の小売業の歴史の中にコンビニを位置づけ、単身世帯が増加する中で商業の変化に対応して成長を続けるコンビニの姿を描く。
④情報化社会の中にコンビニを位置づけ、情報を収集・分析すること（POSシステムの導入）によってコンビニ経営が進められてきたことを押さえたうえで、電子商取引の中でコンビニが重要な役割を果たしていることに触れる。
⑤コンビニでの廃棄食品に注目させ、日本の食料自給率の実態にせまる。ま

た、食品リサイクル法を取り上げて、コンビニが進める食品廃棄物の堆肥化プロジェクトを進めていることに触れる。
⑥高齢化社会の到来に備えて、宅配ビジネスが検討されていることを組み込む。

4.1 導入段階（1時間）

日本でコンビニが登場して40年、この間、コンビニが急成長した背景を知るための基本的知識を共有するのが以下のクイズの目的である。

■クイズ「コンビニの達人になろう」——君たちになじみの「コンビニ」ですが、君はコンビニについてどれくらい物知りだろう？
（1）コンビニが世界で初めて作られたのはどこの国？　また、それはいつごろだろう？　国名（　　　　　　）、いつ頃（西暦　　　　　年）頃
　　＊http://www.sej.co.jp/company/history/index.html　で調べてみましょう。
（2）日本で初めて本格的な「コンビニ」を作ったチェーン店はどこだろう？
　　（　　　　　　　　　　）→では2番目は？（　　　　　　　　）
（3）2014年3月末現在、日本にはどれくらいのコンビニの店があると思いますか？　（　約1万　　約2万　　約3万　　約4万　　約5万　）店舗
（4）全都道府県に出店していないコンビニ・チェーンは、次のうちどこ？
　　（　ローソン　　セブンイレブン　　ファミリー・マート　）
　　＊http://todo-ran.com/t/kiji/10327　で調べてみましょう。
（5）世界一コンビニ店舗が多い国はどこでしょう？　　　　（　　　　　　）
（6）北海道で一番多いコンビニはチェーンは？　　（　　　　　　　　）
（7）一般的なコンビニでは、店の中で売っている商品はどのくらいの種類あると思いますか？　　　　　　　　　　　　　　　約（　　　　　　）
（8）コンビニで売っている商品に○印を付けなさい。
　　刺身　　線香　　切手　　ノート　　荷造り用ビニールひも　　週刊誌
　　ロウソク　　酒　　灯油用のホース　　牛乳　　スーツ　　不動産　　生鮮野菜
（9）現在一般的なコンビニはだいたいどれくらいの距離を商圏と考えて出店

しているど思いますか？

　　　（ア）約500m　　（イ）約1000m　　（ウ）約1500m　　（エ）約2000m

(10) 右はローソンのロゴマークです。なぜ、牛乳缶が描かれていると思いますか？

＊ http://www.lawson.co.jp/company/corporate/history.html で調べてみましょう。

(11) コンビニは、人口（約1200人　約2400人　約3600人　約4800人）人あたり1店の割合で存在している。当てはまる人数に○印

(12) 現在コンビニで行われているサービスに○をして下さい。

　　（ア）電気料金の払い込み。
　　（イ）水道料金の払い込み。
　　（ウ）NHKの受信料の払い込み。
　　（エ）写真の現像。
　　（オ）宅配便の持ち込み。
　　（カ）市役所からの住民票の受け取り。
　　（キ）市民税の払い込み。
　　（ク）JRや航空券のチケットの予約。
　　（ケ）コンサートなどイベントのチケットの取り扱い。
　　（コ）生命保険料の払い込み。
　　（サ）トイレの使用。
　　（シ）地図・道案内など。
　　（ス）婚姻届の届け出。

(13) 平均的なコンビニの売り場面積と同じくらいの広さの所は、学校の中ではどこ？

　　（ア）普通教室　　（イ）生物実験室（教室）　　（ウ）職員室
　　（エ）保健室　　（オ）トイレ

＊コンビニ勢力図（http://todo-ran.com/t/kiji/10327）で国内のコンビニについて調べることができます。また、最近のコンビニ海外進出については、http://www.ikpi/bizblog/blog20111121.html が参考になります。

4.2　展開Ⅰ：FW（コンビニの店内調べ）と商品配置の工夫（2時間）

■フィールドワーク用シート

コンビニの店内を調べてみよう。

＜課題＞君の家の周りにあるコンビニへ行って、次の商品がどこにあるか調べ、その位置を下の図に書き入れよう。

| 雑誌　　ソフトドリンク（お茶やジュースなど）　　おにぎり |
| 弁当　　パン類　　牛乳　　　ガム　　　電池 |

チェーン店の名前 _____　　どこにある店？（だいたいの住所）_____

※図には、①レジカウンター、②入り口、③道路、④窓を必ず記入しなさい。

[　　　　　　　　　　　　　　　　　　　　　]

この店についての君の印象は？（どんな店？）　　★この店から200〜300mの所にあるコンビニ店は？

　家の近くのコンビニへ行って、雑誌、ソフトドリンク、おにぎり、弁当、パン類、牛乳、ガム、電池が店のどの位置に置いてあるかを調べて図示させる。その際、レジカウンター、入り口、道路、窓を必ず記入させる。

<資料2-1>

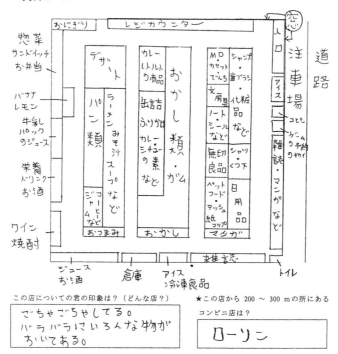

資料2-1は、生徒が調べてきた店内配置図である。生徒が提出した調査用紙を印刷して示し、これをもとに以下の点を考えさせる。

T:「雑誌売り場の前には道路に面して大きな窓がつくられているが、なぜだろう?」
S:「……」
T:「立ち読みしていて注意されたことある人いる? いないね、本屋さんでは注意されるのになぜコンビニでは注意されないの?」
S:「立ち読みしていると、外から見たらたくさん人が入っているように見えるから」

【課題】君は近くのコンビニへお昼のお弁当を買いに出かけました。入り

> 口から入って、雑誌売場に直行、週刊誌をいくつか立ち読みしてからお弁当の売り場まで行って、製造時間を確かめて1個買い、次にお茶を買ってレジに行って支払いをしました。君が動いた動線を記入してみましょう。

T:「弁当やおにぎり売り場とお茶の売り場が離れているのはなぜ？」
S:「店内を歩かして、他にも何か買わせるため」
T:「そうだね、コンビニでは、もっともよく売れるおにぎりとそれとセットで売れるお茶を別の壁面に配置することで、新たな売り上げをねらっている。雑誌売り場とおにぎりとソフトドリンクをそれぞれ別の壁面に配置していて、これを黄金の三角形と言っている」

その他、牛乳とパン、酒と珍味などの組み合わせ商品を近くに配置したり、ガムや電池などをレジの近くに配置して売り上げ増をねらっていることにも気づかせることができる。

4.3　展開Ⅱ：小売業の変遷と家族形態の変化（2時間）

1955年型小売業、1965年型小売業、1970年型小売業の特徴を資料化して生徒に提示し、以下の点を考える。

① 1965年頃に小売業の新しい形態として普及したものは何？→チェーンストア（セルフ販売、電子レジスター、ワンウェイコントロールなど）の登場。
② コンビニがスーパーマーケットに負けなかったのはなぜ？→消費者の購買動機がスーパーとコンビニでは違うことを、1家4人の家庭と単身者の家庭を想定して説明（家族構成の変化を資料化）
③ フランチャイズ方式のしくみとコンビニ開店までの資金及びチャージ→コンビニ加盟店がコンビニ本部に多額の開店費用や毎月の高いチャージを払ってまで、加盟しようとする理由を考える。
④ コンビニが急成長する中でつぶれていった店はどんなもの？→大型店の進出の中で経営改善に取り組むのが遅れた小売業をつぶしながらコンビニが成長したことを押さえる。

1990年代末〜2000年代にかけて急速に売り上げをのばす「ユニクロ」、ドラッグストア「マツモトキヨシ」を取り上げ、日本の小売業の変化を押さえる。

2000年度以降、スーパーの売り上げが落ち、コンビニが横ばいの一方で、ユニクロやドラッグストアなどの低価格専門店が成長していることを押さえる。(2010年にはドラッグストアと提携するコンビニ（ポプラ、ローソン）の動きがある。)

4.4 展開Ⅲ：情報の収集・分析を売り上げ増に結びつけるコンビニ（2時間）

①バーコードに書かれている数字は何を表しているのか。→商品についているバーコードをバーコードリーダーで読み取り、店のコンピュータに記憶されている商品名と値段が印字される。バーコードは小売業の流通などで利用される。1984年セブンイレブンがPOSシステムを全店に導入して、販売戦略に利用した。

②レジモデル（資料2-2）を示し、買い物のたびに、時間帯、場所、性別、

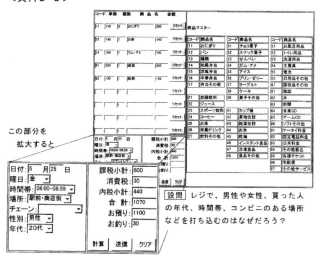

＜資料2-2＞

年代が打ち込まれるのはなぜかを考える。→POSレジスター、ストア・コンピュータ、スキャナー・ターミナル画像オーダー端末などを組み合わせた情報ネットワークによって情報の収集と分析を行い、コンビニが成長を続ける礎となっている。また、コンビニには本部からスーパーバイザーが1日1回訪れて、販売指導を行っていることを紹介する。

4.5　展開Ⅳ：コンビニで展開される新たなビジネス（2時間）

①伊藤忠商事が1998年に西友からファミリーマート株の30％を取得し、自社の系列に加えたのはなぜだろう。→インターネット通販で注文を受けた商品を消費者に渡す拠点としてコンビニを手に入れようとした。

②セブンイレブンが、ソニー、三井物産、NEC、野村総研、JTBなどと組んで立ち上げた「セブンドリーム・ドットコム」がめざすビジネスモデルはどのようなものか。→インターネット通販やコンビニの店頭に置かれたマルチメディア端末によるコンテンツ提供などを目指す。

　①②を押さえた上で、コンビニが電子商取引に都合がいい理由は何かを考えさせる。生徒の意見交換で出てきた利点は「24時間開いているからいつでも受け取れる」「コンビニの配送便にのせると到着が早い」「家の近くに必ずコンビニがあるので受け取りに便利」などであった。

③イトーヨーカドーが開業するIYバンク（現在はセブン銀行）は、イトーヨーカドー傘下のセブンイレブンに開設したが、何を目的にしているのだろうか？（「朝日新聞」2001.5.2）。

④セブンイレブンと介護事業を展開するニチイ学館が組んで始めたセブン・ミールサービスの可能性を考える。→高齢化社会への対応、身障者など外出が難しい人々へのサービスとして近未来の需要が伸びる可能性がある。

4.6　コラム：コンビニ発祥の地アメリカのコンビニ事情を紹介する（1時間）

　世界のコンビニ事情を調べる。生徒がたまたま発した「アメリカのコンビニはどうなっているの？」の疑問に答えるために、アメリカに在住する日本人に

問い合わせ、回答を得た事例。コラムとして紹介した。アメリカではスーパーマーケットが24時間開いていて、週末に車で買い物に行くので、町のコンビニはほとんどみられないという情報を、アメリカ在住の知人から送ってもらった。アメリカだけではなく、ベネズエラのコンビニ事情などは日本人学校へメールで問い合わせた。海外に知人がいない場合、海外の日本人学校の協力を要請するのもひとつのアイデアである。生徒の目がコンビニを通じて世界に開かれるし、日本のコンビニが特別のものであることがわかる。

4.7　展開Ⅴ：コンビニから日本の食糧問題・環境問題を考える（4時間）

①日本の食品の食べ残しや廃棄の割合を調べる。→食品ロス率では、外食産業より一般家庭のロス率の方が高いことや、日本の食品ロス率が25％もあることを押さえる。

②セブン-イレブンが試みている食品廃棄物を使った飼料化プロジェクトの流れを整理する。また、2001年に施行された食品リサイクル法のねらいを新聞記事を使って考える。→コンビニの堆肥化の試み（ローソン、神奈川県）と飼料化の試み（セブン-イレブン、千葉県）が、食品リサイクル法を視野に入れたものであることを押さえる。また、食品リサイクル法が食品の大量廃棄によって深刻になっている処分場問題や焼却処分時に発生するダイオキシン対策のために作られ、将来的には一般家庭にも適用されるものであることを押さえる。

③日本の食料自給率を調べる。［a. 先進国の中で日本の自給率は？／b. 主要農産物の自給率は？／c. 日本の食料輸入の実態は？］→ニクソン米大統領の食料戦略に対する日本と欧州諸国の対応の違いを説明する。生徒に日本の食糧事情を予測させ、ほぼ自給できる農産物と10％に満たない農産物を確認する。日本の食料輸入は、飼料用の穀物輸入が多いことを押さえ、その問題点（発展途上国の飢餓問題を生む）を指摘する。

5．教材の評価

14時間の授業が終わった段階で、質問紙を使って教材「コンビニから見える日本の社会」についての授業印象を問うた。質問紙は以下の通り（表2-1）。「はい」と「どちらかといえばはい」を「はい」、「どちらかといえばいいえ」と「いいえ」を「いいえ」として、分析に持ち込んだ。

1組41人と2組40人の生徒のうち、欠席者8人、未提出者3人を除く69人のデータが得られた。そのうち、不良データ1人分を除く68人分のデータを利用

表2-1　授業印象についての質問項目（4ポイント評定）

項目1	「コンビニ」の授業の最初に、クイズのように授業を進めたのはよかった。
項目2	授業の最初に行った「コンビニ店内調べ」はよかった。
項目3	自分が調べていたので、「コンビニが店内の商品配置に工夫をしていること」がわかりやすかった。
項目4	アメリカのコンビニが紹介されて興味がわいた。
項目5	題材にコンビニが使われていたので興味がわいた。
項目6	1学期のほとんどがコンビニだったので飽きた。
項目7	日本の小売業の歴史で「ユニクロ」がでてきて興味がわいた。
項目8	現在の日本の小売業では、スーパーマーケットの力が落ちて、ユニクロやコンビニが成長してきていることがわかった。
項目9	コンビニが、POSシステムを使って、情報の収集・分析を行って成長してきていることがわかった。
項目10	インターネット通販の普及により、コンビニが注目されていることがわかった。
項目11	コンビニが銀行を始めたことに興味がわいた。
項目12	食品リサイクル法が施行される中で、コンビニが生ゴミの堆肥化や飼料化に乗り出していることに興味がわいた。
項目13	日本の食料自給率が先進国の中で一番低いと聞いて心配になった。
項目14	コンビニが現在の情報化社会の中でどのような役割を握っているかを扱ったのは良かった。
項目15	日本の食料自給率について扱ったのは良かった。
項目16	現代社会の授業は教科書を離れて身近な問題を扱うので面白い。
項目17	現代社会の授業では、進んで授業に参加していると感じることが多かった。

して、1×2の直接確率計算法（両側検定）による有意差検定を行った。

　高校「現代社会」の授業は、生徒の身近にある素材を使って、現代社会の実相を探っていくことをねらいとしている。1学期はコンビニから見えてくる現代社会を授業のテーマにした。コンビニを教材にしたことについて尋ねた項目5では、コンビニが教材に使われたことで授業に興味がわいたとする生徒が有意に多かった（「はい」46人「いいえ」22人、p = .005）。また、現代社会の授業が教科書を離れて身近な問題を扱うことについての感想を尋ねた項目16については、身近な問題を授業で扱うことで「現代社会」の授業を面白いと感じる生徒が有意に多かった（「はい」50人「いいえ」18人、p = .000）。このことから、生徒の身近にある素材を教材にして授業を仕組むことが生徒の学びを引き出していることがわかる。

　導入段階でクイズのような手法を使って授業を進めたことがよかったかを尋ねた項目1については、よかったと回答する生徒が有意に多かった（「はい」54人「いいえ」14人、p = .000）。コンビニの学習をするにあたって、生徒に知っておいて欲しい基礎的な知識を共通理解させるためにクイズ形式の教材を取り入れたが、導入教材として有効であったことが示唆された。

　生徒が家の近くのコンビニについて調べるフィールドワークを行ったが、この「コンビニの店内調べ」がよかったかを尋ねた項目2では、授業に取り入れたことがよかったとする生徒が有意に多かった（「はい」53人「いいえ」15人、p = .000）。事前にコンビニの中の商品配置を調べていたことが、コンビニの商品配置の工夫についての理解を助けたと考えられる。特に、生徒が調べたコンビニ店内の商品配置を使って、コンビニの売り上げを伸ばす工夫を確認したので、生徒の授業参加意識を引き出したのではないかと考えられる。

　コンビニから見えてくる社会の実相として、日本の小売業の歴史を取り上げることで、商業の変化を理解させることを授業のねらいにした。特に現在の日本の小売業を捉えさせるために、生徒の身近にある成長企業としてユニクロを取り上げた。ユニクロを取り上げたことを生徒がどのように受け止めたか尋ねた項目7（「はい」42人「いいえ」26人、p = .068　有意傾向）と項目8（「は

い」61人「いいえ」7人 p = .000　1％水準で有意）について、生徒がユニクロがでてきて興味がわき、現在の日本でスーパーマーケットの力が落ち、ユニクロやコンビニが成長していることがわかったと回答していることから、生徒の身近にあり、生徒も利用しているユニクロを取り上げたことが効果的であった。また、そのことによって授業のねらいが理解されたと考えられる。

　コンビニが情報を収集し、それを分析することで成長してきた業種であり、現在も電子商取引の中で重要な役割を果たして変化しながら、社会の変化に対応していることを気づかせようとした。コンビニ成長のもとにあるPOSシステムについて、コンビニのレジに客の年代や性別などを打ち込むキーがあることから、それが何のためにあるのかを考えさせ、その生徒の考えを資料で確かめ、POSシステムの仕組みを理解させる授業展開を試みた。コンビニとPOSシステムとの関係を理解したかを問うた項目9では、コンビニがPOSシステムを使って情報を収集・分析したことで成長したことがわかったかについての回答に有意差はなかった（「はい」39人「いいえ」29人、ns）。「レジで、男性や女性、買った人の年代、時間帯、コンビニのある場所などを打ち込むのはなぜだろう？」についての意見交換では、多くの生徒が売れ筋商品や何時にどんな商品がどんな人に売れているかを調べるためにやっている、といった主張がなされたことから、この部分については一定の理解が深まったと考えられるが、POSシステムの全体像について理解を深めるためには、POSシステムをビジュアルに捉えさせることができるような教材を用意する必要があるだろう。現時点では、NECが子ども向けに提供するNECキッズ・テクノロジー・ワールドの「なっとく！　技術のひみつ：【vol.8】これさえあれば品切れなし！スーパーやコンビニを支ささえる「POSシステム」のしくみとは？」(http://jpn.nec.com/kids/himitsu/08.html　2014.10.24アクセス確認）を使いたい。

　一方、情報化社会の中でコンビニが注目されていることがわかったかを尋ねた項目10では、インターネット通販の普及とともにコンビニが注目されていることがわかったとする生徒が有意に多かった（「はい」58人「いいえ」10人 p = .000）。このことから、電子商取引が普及する現在の社会の中で、コンビニ

がそのような社会の変化に柔軟に対応して生き残りをはかっていることが理解されたと考えられる。それは、項目14について、コンビニが現在の情報化社会の中でどのような役割を担っているかを授業で扱ったのは良かったと考える生徒が多かった（「はい」42人「いいえ」26人 p＝.068　有意傾向）ことからも推察される。

　一方、2001年当時、銀行からコンビニが注目されてみられており、その動きの一つとして「IYバンク」がつくられたことを新聞の記事を使って説明したが、この動きに興味を持った生徒に有意差はなかった（項目11、「はい」28人「いいえ」40人、ns）。また、コンビニの食品廃棄の問題から、2001年5月から試行された食品リサイクル法に絡めてコンビニによる堆肥化プロジェクトと飼料化プロジェクトの動きを授業で取り上げ、食糧問題の導入に使ったが、これについても興味を持った生徒に有意差はなかった（項目12、「はい」31人「いいえ」37人、ns）。「IYバンク」はセブン銀行として現在スーパーマーケットやコンビニ各店で利用できる。また、2001年当時、ATMは、am/pmなど一部のコンビニに限られていたが、現在ではどこのコンビニでも、大手都市銀行や地方銀行のATM機能を利用できるようになっている。コンビニが進める廃棄食品を有効利用するための堆肥化・飼料化プロジェクトは、環境問題・食糧問題の視点から教材化できることを示している。生徒の興味・関心を引き出すような教材づくりや提示の仕方を工夫して「身近なもの」と認識させ、教材「コンビニから見える日本の社会」の中に位置づけるべき視点だと考える。

　それに対して、食料自給率の問題は日々の生徒の生活に関する「身近なもの」である。項目13については、日本の食料自給率が先進国中で一番低いと知って心配になったと回答した生徒が有意に多かった（「はい」47人「いいえ」21人、p＝.002）。また、項目15では、日本の食料自給率の問題を授業で扱ったことは良かったと回答する生徒が有意に多かった（「はい」46人「いいえ」22人、p＝.0049）。授業の導入で使った主要先進国の食料自給率グラフのなかから、食料自給率40％が日本であることを予測した生徒はきわめて少なかった。個別の食糧の自給率を確認し、外国からの食料輸入に頼る日本の現実

と、1970年代ニクソン米大統領が進めた「食料戦略」に対する英・独の政策と日本の政策を知ることで、日本の食糧事情を「身近なもの」と認識していったと考えられる。

　1学期を通じて、教科書を離れて、生徒の生活にとってもっとも身近なコンビニから見えてくる社会を考える授業を仕組んで実践した。このような授業構成に関して、「現代社会の授業は面白い」と回答する生徒が有意に多かったことから、教科書の内容を、教科書に即して教えるよりも、生徒の身の回りにあるものや事象を取り上げて、それから見えてくる現代社会の実相を捉えていくような授業が、生徒には有効であることを示唆しているといえる。

　コンビニの授業では、社会状況の変化や単身者の消費動向を的確につかんで成長する日本のコンビニを相対化してみる観点から、外国のコンビニ事情を取材して紹介した。アメリカのコンビニ事情を知って興味を持ったかを問うた項目4では、興味を持った生徒は有意に少なかった（「はい」24人「いいえ」43人、$p = .027$）。生徒が世界の地理についてほとんど知識を持っていないことと考えあわせると、外国のコンビニ事情と日本のコンビニ事情を対比して、社会の中で重要な位置を占める日本のコンビニ事情をよりクリアーに認識させるという教師の意図は生かされなかったといえる。韓国、タイなどのアジア、スウェーデンやデンマークなどコンビニが社会で市民権を得ている国のコンビニの利用実態などを紹介することで、日本のコンビニ事情を相対化してみることを追究する必要がある。

　コンビニの店内調べや店内配置の工夫、身近にあってよく利用するユニクロ、Loppiのようにコンビニで使ったことのある電子商取引など、日常的な生徒の生活に組み込まれているものの学習には興味を示すが、本当は身の回りで動いている社会の最新の姿であり、近い将来はごく当たり前のことと認識するようなものであっても、「IYバンク」や「食品リサイクル法」など、「身近なもの」と認識できず、授業にも興味を示さないという構図になっているのではないかと考えられる。

　1学期の現代社会の授業に参加したと感じたかを尋ねた項目17については、

授業に参加したと感じることが多かったと回答した生徒が有意に多かった(「はい」43人「いいえ」25人、p = .038)。生徒が日々利用するコンビニの店内調べやユニクロ成長の秘密など生徒の生活実感と繋がるもので「身近なもの」と感じられる教材が使われたことが、生徒の授業参加意識を刺激したと推察される。一方で、食品リサイクル法の問題のように生徒の生活実感とは結びついていない問題については、身近な問題であっても生徒には「身近」とは認識されず、追求する姿勢が消極的になってしまうと考えられる。

6．教材「コンビニから見える日本の社会」で欠けているテーマ

　コンビニの問題点については、江里晃が中学校の実践で、ねらいでは設定しながら、授業時間の関係で授業で取り上げられなかったと書いている[4]。取り上げるべき問題として、コンビニ経営者が抱える問題点、コンビニに商品が到着するシステム、本部と加盟店の関係などを指摘している。

　2001年の教材「コンビニから見える日本の社会」ではコンビニ経営をめぐって起こっている問題点を盛り込むことはしなかった。展開Ⅴが終わったところで、「コンビニの今後」という内容で、売れ残りの弁当などが店長の買い取りであること、年中無休・24時間営業であるため店長の長時間労働が恒常化していること、コンビニ本部とコンビニ経営者との間にある本部側に一方的に有利な契約、値引き販売を認めない本部側の一方的な契約などを紹介するにとどめ、この問題を教材化することをしなかった。

　教材「コンビニから見える日本の社会」では、展開Ⅴに続いて、「展開Ⅵ：コンビニ経営をめぐって起こっている問題点（2時間）」を組み込んでヴァージョンアップする必要がある。

　朝日新聞がセブンイレブン1号店開店から40年目に当たる2014年社説でコンビニの問題点を指摘した。

第2章 「コンビニ」を素材に教材をつくる　47

＜資料2-3＞コンビニ40年——働く場としても改革を

　日本初のコンビニエンスストアとして、セブン-イレブン1号店が東京・豊洲にオープンして40年。いまや業界全体では5万店を超す。災害時のインフラや子どもの安全を守る防犯の拠点としても期待されるなど、隆々たる発展を示している。

　だが、働く場として見ると、また別の光景がある。

　パートやアルバイトの低賃金や雇用の不安定性、会社直営店の社員店長に対する残業代の不払い問題、そして長時間労働や休業・外出制限、低収入、「売れ残り弁当ばかりの食生活」など、店主の一部が訴える厳しい労働実態である。

　岡山県労働委員会は3月、コンビニの店主でつくる労働組合の団結権を認め、セブン-イレブン・ジャパンに、契約の改善を求める団体交渉に応じるよう命じた。店主には経営者や使用者としての性格は希薄で、コンビニ会社との契約に縛られ自由裁量がほとんどない「労働者」と見なすべきだと断じた。セブン側は中央労働委員会に再審査を申し立てたが、同様の救済はファミリーマートの店主でつくる労組も東京都労委に求めている。

　問題の是正には、販売期限が迫った弁当類などの値下げ販売を徹底するだけでも効果があるという。安く売れず、廃棄する費用の大半が店主側の負担になっているからだ。この値引き制限については、公正取引委員会が独禁法違反だとして09年にセブン-イレブンに排除命令を出した。これを受け、セブン本部は廃棄損失を一部負担し、販売期限の1時間前からの値引きを一応、認めた。だが、本部は欠品や値崩れで売上高が減るのを警戒し、販売期限を夜明け前にしたり、社員が各店を監視したりしている、と店主側は指摘する。

　アルバイト人件費が売上高の一定比率を超えると店主の収入が減る契約になっているのも、店主に長時間労働を強いる原因だ。労働基準法で「使用者」は規制の対象外だが、店主の「労働者」としての側面をきちんと認めることで健康への配慮を示していくべきだろう。

　コンビニ産業は、アジアなどでの国際展開が有望視されている。ただ韓国で24時間営業の禁止や店舗間の距離規制が導入されるなど、過酷な労働や競争への警戒感も広がっている。国際的な評価を得るうえでも、まず日本で商品や店舗の開発に傾けている努力を、「職場としてのコンビニ」の改革にも振り向けてもらいたい。（「朝日新聞」2014.6.2）

　上記、「朝日新聞」の社説が指摘する諸点を手がかりに、問題点についての学習を設定すべきと考える。特に、コンビニにおける労働の問題、コンビニ本部と加盟店の契約の問題は高校生には考えさせたいテーマである。

7．小・中・高校を見通した「コンビニ」教材

　倉持が指摘しているように、小学校では、小学生の発達段階から考えて、子

どもの目に見えるものを取り上げて、教材化をはかることが必要であろう。POSシステムのように、コンビニ店内で見えないものを子どもに捉えさせることは難しい。「見える工夫」としてコンビニの店内配置を取り上げることで、コンビニは地域教材として有効である。

中・高校を想定して開発した「コンビニから見える日本の社会」に則して中学と高校で扱うことができる内容を検討する。中学校では、導入教材（クイズ）、展開Ⅰ（コンビニの店内調べと商品配置の工夫）、展開Ⅱ（小売業の変遷と家族形態の変化）、展開Ⅲ（情報の収集・分析を売り上げ増に結びつけるコンビニ）は地理的分野と公民的分野の授業で扱うことができる。コラムも地理的分野で利用できると考える。展開Ⅳ、Ⅴに関しては、オプション課題として組み込むことが可能であろう。展開Ⅵを取り上げることは難しいだろう。高校での扱いについては、「現代社会」の授業を想定した場合、全てを取り上げて授業を行うことができる。特に、展開Ⅵは必ず取り上げるべきテーマであると考える。

（井ノ口貴史／倉持祐二）

参考文献
(1) 田母神真一「コンビニエンス　ストアー」『歴史地理教育』1996年8月号 No.551
(2) 千葉保監修『コンビニ弁当16万キロの旅』太郎次郎社エディタス　2005年
(3) 中楯洋、西浦弘望、羽田純一、山﨑洋介『楽しい社会科の授業　3・4年』私家版2013年
(4) 江里晃「コンビニエンスストア」『歴史地理教育』1999年2月号 No.590
(5) 川原和之「コンビニから社会をのぞく」『内外教育』2004年6月11日
(6) 井ノ口貴史「授業参加をつくる―コンビニの実践より」『歴史地理教育』2002年1月号 No.634
(7) 森下一期編著『高校生の総合学習と学び』晩声社　2000年
(8) 大谷猛夫「コンビニはなぜ繁栄したか」『歴史地理教育』1999年2月号 No.590
(9) 河崎かよ子・倉持祐二・田中正則・西川満『社会科授業大全集［3・4年上］』pp.52〜55　喜楽研　2013年

第3章　時代のイメージを育てる生活文化学習を

1．今、子どもたちの学びは

1.1　生活の主人公になれない状況

　子どものさまざまな食事風景が報告されている。

　一人で好きなものだけ食べる子どももいれば、家族はいてもひとりで食べる子ども、コンビニで自分の好きなものを買って食べる子どももいる。家族との食事よりも学校給食を楽しみにしている子どもなど、すでに家族そろっての食事というスタイルが消えてしまったかのような感じさえする。

　NHK特集の番組「こどもたちの食卓――なぜひとりで食べているの」(1981年9月)で、調査結果をもとに、子どもたちのひとり食べが全国的に広がっていることが報道された。それ以来、「ひとり食べ」(すなわち「孤食」)は、子どもの現代食生活のキーワードの一つになった。そして、約20年後の1999年にも同じような調査が行われ、ひとり食べがさらに増加し、それにともなって問題が深刻化していることが報告されている[1]。

　食べているものを見ると、カップラーメンやハンバーガーなどのファストフードがばかりが目立つ。兄弟で食べていても、それぞれが好きなものを食べるという「個食」がほとんどだ。また、ヌードル系やパンなどの「粉食」が食事の中で圧倒的な割合を占めるようになった。家族はいてもひとりで食べている状況から「子食」とまで言われている。何でも食べられる時代になって、逆に食の貧困さが表に出てきている。

　1980年代のちょうど同じころ、教育現場では、「魚の切り身が海で泳いでいる」と考える子どもがいることが話題になった。生産労働の現場を見ることができなくなってきて、働く人が子どもの周りから見えなくなったことの現れだと言われた[2]。消費者としての目だけで子どもは地域や社会をとらえるように

なっているというのだ。学校と家庭のほか、消費世界に子どもたちは育つようになり、いまや自分が食べているものが、どこで、だれが、どのようにつくっているのかさえ考えなくなってしまう。

与えられたものをそのまま受け入れてしまうような生活だと、自分の生活を自分でつくるという姿勢が弱くなって当然である。人間的な自立をめざす教育の根幹を揺るがす事態だといっても過言ではない。だからこそ、真に生きる力を子どもたちの中に育てることが求められている。

1.2　ダブルスクールでの勉強

子どもたちは、学校だけでなく学習塾で勉強していることが当たり前になっている。小学校6年生の女の子の日記には、ダブルスクールでの勉強が心理的に大きな影響を及ぼしていることを示している。

　　私は、家に帰ったら、すぐにじゅくに行かないといけません。帰ってきて、ごはんを食べたりしていたら、お母さんやお父さんが、「しゅくだいは？」と言います。私は、「あるよ。」と言います。すると、ごはんを食べてすぐなのに、「しゅくだいしてき。」と言います。私は、（私だって、テレビの1時間は見せてよ）と思いました。
　　そして、お母さんはむしして、テレビを1時間だけ見ました。その後、お父さんに、「あんた何やってたん。」と聞かれ、私は「テレビ見ててん。」と言ったら、「どーすんの。今からしゅくだいして、おふろ入って…。」と言われました。
　　私は無言でじゅくのかばんをとり、自分の部屋にもどり、この日記を書いています。私は、（ほとんどじゅくの日が6時間で、かえって15分ぐらいしたらじゅくへ行って、帰って…。私だっていそがしい）と思った。
　　お母さんやお父さんは、いつも頭の中が勉強でいっぱいです。しゅくだいをすぐすませるのは楽だけど、でも休けいぐらいさせてほしいのです。
　　先生、どうしたらいいのですか。

「私だっていそがしい」「休けいぐらいさせてほしい」と訴えているように、彼女は時間的にも精神的にもゆとりを持てなくなっている。そして、「むかつく」「いらつく」気持ちが大きくなっていくのだ。そんな状況の中では、学ぶ意欲がなくなり、仲間といっしょに学ぶ楽しさなど考えもしなくなるのは当然かもしれない。

1.3 子どもとつくる学びの方向性

教室の学びの中にも、子どもたちの気になる姿が見える。
◇問いに対してすぐに答えを求めてくる。一つの課題を長時間かけて考え続けることができにくくなっている。
◇みんなでわかるより、まず自分だけがわかればよいという姿勢が目立つ。
◇「わかる」ことを問題が解けることと考えてしまうので、「なぜ」と問うことをあまりしなくなる。
◇学習塾での友だち関係が、そのまま学校での友だち関係としてあらわれる。いっけん仲の良い友だちのように見えるが、そこでの仲間意識は、つねに「自分と同じ『学力』程度の連中」としてであり、それ以外の友だちに対しては閉鎖的・排他的になってしまう。

佐伯胖氏は、受験の下での子どもたちの勉強をとらえて、問題を解くための解法（思考パターン）を暗記したものの中から選び出し、その解法（思考パターン）にそって答えを導き出す訓練になっていると指摘する。受験勉強は、まさに「機械的な作業を行う、いわば人間の『人工知能』化」をめざしているという[3]。目の前の子どもたちを見れば、今ではもう、「考える」ことをあえて避けようとする形であらわれてきていると感じることもある。

現在の子育てをめぐる環境や条件・制度の下で、子どもの学びの危機を転換していくことはそうたやすくできることではないだろう。しかし、黙って見ているわけにはいかない。子どもたちの学びの危機的な状況をふまえて、学校では何をこそ子どもたちに教えていくべきかを考えてみる必要がある。また、教

える側の子ども観や指導観を見直し、転換していくことも必要だろう。

　まずは、できることから始めればよい。仲間といっしょに楽しく学べるように、教師は子どもとともに学びをつくっていくことはできないだろうか。その一つの試みとしての実践を紹介したい。

2．小学校の歴史学習における「文化」の扱い

2.1　学習指導要領の「文化」学習

　2008年度版学習指導要領には、「伝統や文化の学習」を通して、「我が国と郷土を愛し」、「日本人としての自覚」を育てる教科として社会科が位置づいている。中でも、「伝統や文化の学習」は、小学校では「とりわけ歴史に関する学習の中ではぐくまれるもの」となった。

　これまでは、歴史的な事象を「網羅的に取り上げないようにする」、「指導に当たっては、児童の発達段階を考慮し社会的背景にいたずらに深入りしないよう配慮する」という程度で、学び方に関わる指定はなかった。ところが、今後は、各時代を代表的な文化遺産を通して学習できるように配慮しなければならなくなった。さらに、代表的な文化遺産を、「国宝、重要文化財に指定されているものや、そのうち世界文化遺産に登録されているもの」として例が示されている。

　世界文化遺産、国宝、重要文化財を通して学ばせるというが、子どもにいったい何を学ばせるのだろうか。文部科学省教科調査官の安野功氏は、「指定されている文化財の価値に触れ、それを保存・継承していく態度を育てる」と授業のねらいを提案している[4]。学び方が指定されると、授業の目標も内容も自ずと決まってくるということだろう。

　知里保氏は、「授業のあり方や学び方をこまかく指示し、態度や思考力をふくむ目標の達成を子どもと教師に自己責任で強いるシステム」になったと指摘する[5]。だとしたら、新しい学習指導要領に示された目標・内容・方法にそったますます画一的な生活科や社会科の授業が登場することになるだろう。

さらに気になることは、学習指導要領に示された「日本の文化が固有のすぐれたものであるから大切にしよう」という考え方が、文化学習で強まっていくことである。しかし、「他の地域からまったく影響を受けなかった自国の文化などというものは存在しない。学習指導要領が学習内容として指示している室町文化の水墨画・生け花・茶の湯・能など、どれをとっても日本固有のものではなく、東アジア文化の流れの中に位置づけられたものである。」と平野昇氏は指摘する[6]。「今も残る日本の文化は、我が国固有のすぐれた伝統」という主張が受け入れられやすいだけに、慎重さが必要であろう。

2.2 文化遺産の学習を中心にした教科書記述

2011（平成23）年発行の5社の教科書の室町時代に関わる内容を比較したい。

日本文教出版　「室町文化が生まれる」
学習課題
☆室町時代に生まれた文化について調べ、今のわたしたちのくらしとのかかわりを考えてみよう。

金閣と銀閣を調べる	今に残る室町文化	鎌倉・室町時代を生きた人々のくふうや努力
・金閣→貴族・寝殿造 ・銀閣→武士・書院造 ・どんな文化が現在に伝わっているかをさらに調べたい。（和室、落ち着いた感じ）	・室町時代に始まる生け花や茶の湯を体験 ・水墨画、石庭、祭りや盆踊り、能や狂言、おとぎ話	・生産を高める農民（農具・肥料・二毛作） ・食事が2回から3回になる。 ・村の自治

日本文教出版（旧大阪書籍）
学習課題
☆室町時代には、どのような政治が行われたのでしょうか。
☆室町時代になると、くらしはどのように変わってきたのでしょうか。

☆室町時代の文化は、どのような特色をもっているのでしょうか。

足利氏の政治	くらしの変化	今に伝わる室町文化
・金閣と銀閣 ・書院造、たたみや障子 ・町衆と祇園祭	・寄合 ・二毛作、肥料、農具 ・特産品、市 ・1日3回の食事	・床の間、生け花、石庭 ・水墨画 ・田楽・猿楽が能や狂言に。 ・祭りや盆踊り ・おとぎ話

東京書籍 「今に伝わる室町文化」

学習課題

☆京都に幕府が置かれたころの文化はどのようなものだったのでしょうか。

金閣と銀閣	書院造と室町文化	雪舟とすみ絵	生活のなかの室町文化	室町文化体験レポート
・金閣と銀閣について気づいたことを発表する。	・書院造、石庭 ・お茶、生け花 ・お祭りや盆踊り	・水墨画 ・雪舟の技法	・能、狂言 ・御伽草子 ・1日3回の食事 ・うどん、豆腐、こんにゃく、納豆。しょうゆ、砂糖の使用。	・茶の湯体験 ・祇園祭礼図屏風

教育出版 「室町文化と力をつける人々」

学習課題

☆室町時代の建造物や絵画には、どのような特徴があるのだろう。

☆室町時代には、どのような文化が生まれたのだろう。

☆人々の暮らしや産業の様子は、どのように変わったのだろう。

金閣と銀閣	力をつける人々	今につながる室町文化
・たたみ、障子、ふすまを使った書院造 ・能や狂言、茶の湯、生け花、水墨画	・農具の改良、品種改良 ・村の掟と自治 ・民間芸能や行事 ・祇園祭と町衆	・茶の湯を体験する。 ・能を体験する。

第3章　時代のイメージを育てる生活文化学習を　55

光村図書　「室町文化」

カルタの絵	室町文化を 体験してみよう	室町文化が栄えたころの 村や町の様子
・水墨画、お茶、金閣、能・狂言、銀閣、書院造、生け花	・茶の湯 ・水墨画 ・生け花 ・金閣と銀閣 ・水墨画	農村のくらし ・村の自治、一揆 ・用水路、水車 町の人々のくらし ・祇園祭、町の自治

　教科書に示されている学習課題で、すべての教科書に共通しているのは、「室町時代にはどんな文化が生まれたか」「室町文化の特徴とは何か」「今のくらしにつながる室町文化にはどんなものがあるか」「室町時代になると、くらしはどのように変わってきたか」の4つである。
　まず、室町文化の例としては、金閣と銀閣の建造物をはじめ、たたみ・障子・ふすま・石庭・茶の湯・生け花・水墨画・祇園祭・盆踊り・能・狂言・御伽草子・食事の内容や回数などがとりあげられている。
　さらに、書院造を例にした武士の文化への変化や庶民への広がりを室町文化の特徴としてあげている。
　また、今につながる室町文化として、生け花や茶の湯、お祭りや盆踊り、能や狂言が示されている。
　いずれも、室町時代の文化遺産を取りあげながら、室町時代の文化の特徴に気づかせようとする展開になっている。さらに、茶の湯や生け花を体験させることによって、文化遺産を保存・継承していく態度を育てようとしている。
　室町時代のくらしの変化については、農業生産の高まり、村や町の自治、食生活の変化、祭りがとりあげられている。しかし、残念なことに、室町時代になってくらしが変化してきたことと室町文化が生み出されていったこととが結びついて記述されていない。
　「室町文化とは」「室町文化の特徴とは」「今につながる室町文化とは」の3つの学習課題と、「室町時代のくらしの変化とは」が結びついて記述されてい

ないために、どうして室町文化が生み出されていったのかがわからないままになっている。

2.3 体験する文化学習の問題点

どの教科書にも、室町文化の体験が記述されている。指導書にも、「ぜひ行わせたい室町文化」として、「生け花、茶の湯、墨絵は、室町文化の体験活動として取り入れるようにしたい。」とある[7]。また、「評価の工夫」として、「室町文化が今日の生活文化に直結する要素をもつことについては、能、茶の湯、生け花などを取り上げ、具体的に理解しているかどうかで評価する。」となっている[8]。このように、室町文化の学習では文化体験学習が重視されていることがわかる。

「今に伝わる室町の文化を体験しよう」という授業プランでは、「室町の文化を体験し、今に伝わっている文化に関心をもつことができる。」が授業の目標である。授業では、①室町の文化の共通点を発表しよう、②室町から続く文化を体験してみよう（ここでは茶の湯の体験例）、③体験した感想を発表しよう、④（体験をさせてくれた）ゲストティーチャーの方にお礼の手紙を書こう、という展開になっている[9]。

この文化体験の学習の前には、2時間の授業が例示されている。1時間目は、金閣と銀閣を比べて今につながる室町時代の文化に興味を持たせる授業展開になっている。2時間目は、大和絵と水墨画を比べて武士が好んだ室町文化の特徴に気づかせようとする授業展開になっている。そして、今に伝わる室町文化に関心を持たせるために、授業の中では「茶の湯」を体験させることになる。

「茶の湯」の体験では、単に茶を飲むというだけでなく、書院造の茶室にあるたたみ・ふすま・障子などの室町文化にふれさせることもでき、「茶の湯」のもつ趣きもいっしょに気づかせることができるだろう。

しかし、「茶の湯」の体験を通して子どもたちはどのような感想を持つのだろうか。「お茶は、室町時代から飲んでいた」「お茶室のような建物を書院造り

という」程度では、茶の湯の体験を中心にした室町文化の学習はあまりにも貧弱である。

2.4 時代をうつしだす生活文化学習を

それにしても疑問なのは、文化学習として取りあげる国宝・重要文化財・世界遺産などが、そもそも子どもにとって興味を引くものになるかどうかである。

小学校の歴史学習では、各時代の人びとのくらしの変化やそれを可能にした社会的背景を学ぶことが中心になる。「昔の人たちはどんなくらしをしていたのだろう」といった問いが自然に子どもの中から生まれてくる。子どもが興味をもつのは、時代の象徴たる文化遺産よりも、生活に根ざした衣食住などの身近な文化ではないだろうか。

鎌倉から室町にかけての時代は、農業生産と流通の発展によって、庶民の生活が大きく変化した時代であった。そして、庶民の経済力が伸び、自治的な活動が始まると、祇園祭のような庶民の文化が各地で誕生するようになる。このように、生活文化を学習内容に設定すれば、その時代の生産力や社会のしくみまで学習内容を広げていくことが可能になるだろう。

生活文化を学ばせるという視点で、2015（平成27）年度から使われる新しい小学校の社会科教科書の内容を検討してみたい。

日本文教出版　「今に伝わる室町の文化と人々のくらし」
学習課題
☆今から600年ほど前に生まれた文化と、今のわたしたちのくらしのあいだには、どのような関わりがあるのだろう。

金閣と銀閣を調べる	今に伝わる室町文化	鎌倉・室町時代を生きた人々のくふうや努力
・足利尊氏と足利義満 ・金閣の建築様式	・書院造の建築→生け花、水墨画（雪舟）、石庭	・生産を高める農民（農具・肥料・二毛作・用水

→寝殿造 ・銀閣の建築様式 　→書院造 ・東求堂の書院造の部屋と現在の和室を比べる。 ・応仁の乱	・町や村の人々の文化→茶の湯、祭りや盆踊り、猿楽が能や狂言に、おとぎ話。	路、稲の品種の選別、職人の登場) ・食事が2回から3回に。陶器・木綿の使用、漆器の開発。 ・村の自治。商業の発達(定期市が増える)

東京書籍　「今に伝わる室町文化」
学習課題
☆京都に幕府が置かれたころの文化は、どのようなものだったのでしょうか。

足利義政が 建てた銀閣	雪舟と すみ絵	室町文化と 現在とのつながり	室町文化を体験して レポートを書こう。
・足利義政が建てた銀閣や東求堂について気づいたことを発表する。 ・障子、床、畳、書院造。庭の石庭。	・水墨画 ・雪舟の生い立ち。 ・技法	・能(観阿弥・世阿弥) ・狂言 ・御伽草子。 ・1日3回の食事。うどん、豆腐、こんにゃく、納豆。しょうゆ・砂糖の使用。お茶を飲む風習。祭り・盆踊りが各地で行われる。	・茶の湯体験 ・祇園祭礼図屏風を見る。

教育出版　「今も受けつがれる室町文化」
学習課題
☆室町時代には、どのような文化が生まれたのだろう。

書院造の部屋	簡素で静かな美しさ	暮らしの中から 生まれた文化
・慈照寺銀閣のとなりの東求堂の書院造。床、たたみ、障子、ふすまの使用。 ・足利義満の金閣 ・足利義政の銀閣	・水墨画の技法。雪舟の足跡。 ・茶の湯、生け花。枯山水の庭園。	・農具の改良、品種改良 ・村の掟と自治 ・地域の祭りや盆踊り。 ・田楽や猿楽が能や狂言に。 ・祇園祭と町衆

光村図書　「今に生きる室町文化」
学習課題
☆室町文化は、どのようにして生まれたのだろう。

上の写真を見て、気づいたことを話し合いましょう。	今に続く室町文化	力をつけていく人々	室町文化を体験しよう。
・金閣と銀閣、東求堂の部屋の写真を見て気づいたことを話し合う。 ・室町幕府、室町文化。	・足利義満→金閣 ・足利義政→銀閣 ・書院造→たたみ、障子、ふすまの使用。 ・水墨画、能・狂言、茶の湯、生け花、御伽草子、祭りや盆踊り、うどん・とうふ。	村の人々のくらし ・村の「寄り合い」 ・用水路、水車 町の人々のくらし ・堺の町の自治	・茶の湯 ・生け花 ・水墨画

　新しい教科書記述の特徴は、「今に伝わる室町文化」「今に受けつがれる室町文化」「今に生きる室町文化」などの単元名からもわかるように、今につながる室町文化を内容の中心に扱っている点にある。室町文化と今とのつながりを意識させるための導入として、どの教科書も、書院造と現在の和室を比べるという手法をとっている。そして、現在とのつながりをキーワードに、茶の湯・生け花・水墨画・祇園祭・盆踊り・能・狂言・御伽草子といった今につながる芸能文化だけでなく、うどん・豆腐・こんにゃく・納豆などの食べ物、しょうゆ・砂糖の使用、陶器・漆器・木綿の使用にも触れている。2011（平成23）年発行の教科書よりも、衣食住にかかわる生活文化がかなり盛り込まれるようになった。

　また一方で、「鎌倉・室町時代を生きた人々のくふうや努力」「力をつけていく人々」として、生産を高める農民たちの姿や村の掟や自治をとりあげ、当時の生産力の高まりを伝えている。中でも、教育出版の教科書は、「暮らしの中から生まれた文化」として、生産の高まりと人々のくらしの変化の中から室町文化が生み出されていったことを記述しようとしている。これまでの教科書

が、どうして室町文化が生み出されていったのかがわからないままになっていたことを思うと大きな前進である。

3．庶民のくらしの変化から室町時代を学ぶ

3.1 「生産と流通」から室町時代をイメージする

わたしは、以前から農業生産の発展と商品流通の広がりという2つの側面から、室町時代を生きた人びとのくらしが特徴的に描きだせるのではないかと考えてきた。

○農業生産の発展の特徴

鎌倉末〜室町期の農業生産の発展は、土地の生産性の向上をめざしたところにあった。田を年に2回使う二毛作が普及する。それを支えたのが、農業技術の広がりであった。安定した乾田がたくさん必要になるため、水車などの灌漑用水施設が整備・改善された。また、深耕や、田を畑に、畑を田に変えるために、馬鍬・唐鋤などの鉄製農具を農民が広く持つようになった。さらに、二毛作は地力をひどく弱らせるので、たびかさなる施肥も必要になってくる。草木灰がこの時期の肥料として普及したのは、その中にカリが含まれているからであった。

農村においては、村ぐるみで組織的に農業労働をすることによって生産性が高まった。共有地や水の管理は、米づくりを共同でおこなっていたことのあらわれである。村ごとに掟まで決めて、農業生産や年貢の管理などの話し合いも行われていた。

○商品流通の高まり

農業生産の高まりによってうまれた余剰生産物が、市に売りに出されるようになる。はじめは、余剰生産物ができた時に、市に売りに出て、必要なものを買って帰るという生活だったのだろう。しだいに、あらかじめ計画して、市に商品

として売れるように余剰生産物をつくり始める。商品生産を前提にした農業の合間の副業が行われるようになってくる。商品が売買される市は、河原・川の中州・浜・山と平地の境目などにでき、全国的な広がりをみせていった。そうした商業活動を支えたのが、日明貿易で大量に輸入された宋銭や明銭であった。

3.2 「庶民のくらしの変化」から見た室町時代の特徴

　農業生産の発展と商品流通の広がりが不可分に結びついて、それまでの自給自足が中心のくらしから、商品流通を前提としたくらしに変化していった。その結果、それまでは一部の支配層だけが享受していたものが、庶民層へも、地方諸国にも普及していくことになる。普及していったものから、庶民のくらしの変化の特徴を見ることができる。

　農作業の合間になされていた商業的な活動や手工業的な活動は、商品経済がすすむにつれて、副業的なものから専業的なものへと変化していった。専業化してもじゅうぶんくらしていけるとなると、商工業者は都市へと集まり、農民は農村に住むようになる。

　室町時代の代表的な都市である京都を例に見てみよう。京都は、室町時代の中ごろには20万〜30万人もの人口になっていた。京都には、貴族・僧侶・武士のほか、さまざまな職業の人びとが生活をしていた。この時代になって各地で特産物がつくられるようになるが、それらの品物はこの時代の政治・経済の中心地であった京都に集まってきた。碁盤の目のように、規則的につくられた京都の道路の両側には、呉服屋・材木屋・綿屋・大工・鍛冶屋・扇屋・魚屋・茶菓子屋などのさまざまな業種が店を出してにぎわっていた。なかでも多かったのは、酒屋と油屋であった。京都の酒屋は、15世紀前半にはおよそ350軒あったらしい。油屋は、京都周辺の農村地域から菜種を買って油を絞り、おもに灯油として販売していた。また、商人や奉公人を相手にした風呂屋・髪結いなどもあった。

　さらに、京都には、数多くの職人たちがいた。職人は、絹織物・染め物・刀・扇などの手工業品をつくっていた。京都は膨大な人口をかかえた消費都市

であると同時に、各地から送り込まれてくる原料を加工する生産都市でもあった。こうした流れを制度化していくのが豊臣政権の兵農分離政策であった。

3.3 草戸千軒遺跡との出合い

　室町時代の人びとのくらしの変化が小学生にもイメージできる素材はないものかと探し求めた。そうした時に訪れたのが福山市にある広島県立歴史博物館であった。博物館に展示されている「草戸千軒の実物大の復原」は、中世の人びとのくらしがビジュアルに、しかも今のわたしたちの目の高さで再現されている。これなら、小学生にも、古代の人びとより豊かなくらしをしていた時代として中世を描かせることがじゅうぶんできると感じた。

《川の中にうもれた中世の町・草戸千軒》

　中世の町である草戸千軒は、広島県福山市の中央を流れる芦田川の下流の洲にできた中世の町である。この町は、『備陽六郡誌』をはじめとする江戸時代の地誌に、1673（寛文13）年の洪水で流されたと記されており、人びとの記憶から忘れ去られていた。ところが、昭和初期に洪水対策として芦田川の河川改修が行われ、陶磁器・石の塔類・古銭などが出土し、その存在が確かめられた。そして、1961年からの約30年にわたる大規模な発掘調査により、13世紀中ごろから16世紀初頭まで港町・市場町として賑わったことが明らかにされ、中世の庶民の生活の実態をうきぼりにした。発掘調査からうかがえる草戸千軒の人びとのくらしとは次のようなものである。

◆市場町・港町としての草戸千軒のようす◆

　草戸千軒の町には、米俵・備前焼の壺などの荷を降ろす船着場、穀物・壺・野菜・魚や貝などを売る市場、農具などを作っていた鍛冶屋や漆を椀にぬる仕事をしていた塗師屋などの職人の町並み、お堂などがあった。いろんな地域との交易が盛んにおこなわれ、商品流通が活発化し、人びとが生活用具を容易に手に入れることができたことがうかがえる。

◆中世の庶民生活のようす◆

　庶民の家は板ぶき・板間になり、生活用水は井戸からえることが多くなる。調理には、包丁・鍋・釜・すり鉢・すりこぎ・まな板（桶の底板などを使用）が使われている。野菜や果物、焼き魚、汁物、煮付け、干し魚などが、庶民の一般的な食べ物になっている。さらに、そうめん・豆腐・かまぼこ・あえものなどの加工された食品も広く食べられていた。食器には、漆器のお椀や皿類が日常的に使われていた。

　草戸千軒遺跡の発掘調査研究の報告書を読みすすめていくうちに、古代の人びとのくらしとはちがった中世の人びとのくらしの豊かさが二つの側面からみえてきた。一つは、中世の庶民生活は、古代の人びとのくらしに近いというより、現在のわたしたちのくらしにかなり近いことである。「今の生活の源流を室町時代にみる」とよくいわれる所以であろう。中世の人びとのくらしぶりを学ぶことは、子どもたちにとって「今」をみつめるきっかけにもなる。もう一つは、古代において一部の支配層のみが享受していた生活が、この時代になると庶民・農民層へも広がっていったことである。

　中世のくらしの豊かさの二つの側面は、食生活の面からよくみえた。特徴的なのは、加工食品が広く食べられるようになったことである。豆腐も調味料として使われはじめみそも室町時代に起源をもつ加工食品である。また、食材を焼く・煮るなどして食べていたのに加え、すり鉢の普及によって「ねる」「まぜる」などの調理が可能となり、庶民の食事のメニューが古代に比べてぐんと増えていることがわかった。

3.4　鎌倉・室町時代の指導計画づくり

　教科書には、金閣や銀閣、水墨画や茶の湯など、文化遺産を中心に室町時代が扱われている。しかし、当時の文化が多くの人びとに享受されていたわけではない。室町時代の文化水準を示すバロメーターとしては、庶民の食生活に焦点をあてた方が見えやすい。庶民の食生活を室町時代の文化の中心として扱

い、文化遺産の学習は簡単に取りあげることにした。

　現代の私たちは、農村に武士が住んでいた時代は、古代から停滞したままの遅れた社会を思い浮かべていないだろうか。しかし、実際は、生産力の高まりや流通の広がりを背景に、庶民のくらしがかなり豊かになっている状況が生まれている。そのことを中世の遺跡として有名な草戸千軒での人びとのくらしにスポットをあてて指導計画を立てることにした。

　草戸千軒の人びとの食生活を支えたのは、農業生産力の高まりと、食材を手に入れることができた流通システムの広がりだった。この単元では、農業生産力の高まりが食生活の変化を生み、その食生活を支えたのが流通システムだっ

鎌倉～室町時代の学習指導計画
（総時数9時間：社会科6時間＋総合3時間）

小単元	時数	主な学習活動
農村に住む武士	1時間	農村に住む武士のくらしを調べてみよう。 新見荘の景観図と川越の武士館のイラストから、領地を守るために武装していた武士の姿がわかる。
	2時間	「蒙古襲来絵詞」から戦う武士のようすを調べよう。 「蒙古襲来絵詞」から、元軍と鎌倉武士との戦いのちがい、ご恩と奉公の関係がわかる。
草戸千軒遺跡	1時間	「月次風俗図屏風（つきなみふうぞくずびょうぶ）」から農民のくふうを調べよう。 「月次風俗図屏風」から、農民たちは農具や肥料を改良し、集団で農業にとりくむことによって生産を高めたことがわかる。
	1時間	かじ屋のじょうきちさんの食事 　かまぼこなどの加工食品が広く食べられるようになり、古代の食事よりも豊かになったことがわかる。
	1時間	京の町での物の売り買いについて調べよう。 　各地に市場ができたり、京の町では店や物売りなどがあらわれたり、物の売買が広く行われるようになったことがわかる。
	3時間	今に残る室町文化を調べよう。 　残る室町文化を調べてみよう。（室町の文化遺産の学習と合わせて総合学習で行う）

たという展開にした。

　草戸千軒の人びとの食生活を示すと、子どもたちは今の自分たちの食生活にかなり近いことに驚くだろう。子どもたちが歴史を今とつないで見るきっかけになる。そのうえで、文化遺産の学習とタイアップさせながら、今に残る室町文化調べを呼びかけてみてはどうだろうか。自分たちのくらしの源流が室町時代にあることが実感できるはずである。

4．教材をつくりだす

4.1 「見えない」発掘調査の成果を「見える」ように

　ここで困ったのが教材であった。草戸千軒の発掘調査によって出土したものや調査資料を使った授業を構想することはできる。しかし、そうすればするほど、教師の説明が中心の授業になり、子どもたち自身が当時の人びとのくらしのイメージを広げていく学びにはなりにくい。

　あれこれ迷っているとき、広島県立歴史博物館で見た「実物大のレプリカ」を思い出した。博物館の展示の発想は、「実物大のレプリカ」を参観者に見せることで、中世の人びとのくらしをイメージ豊かにとらえさせようとしている。同じ発想で、「草戸千軒」をはじめとする中世研究の成果をもとにして、レプリカの教材を用意し、子どもがイメージ豊かにとらえられるようにできないかと思ったのだ。

　わたし自身が最も注目した研究成果は、草戸千軒の人たちの毎日の食事だった。草戸千軒で住んでいた人たちは、「玄米・ハゼの甘露煮・ささげのつるの和え物・あさりのすまし汁」を普通に食している。今の私たちが食べている和食と同じではないか。教科書に掲載されている奈良時代の農民たちが食べていた「雑穀・塩・青菜の汁」とは比べものにならないぐらい、生活の豊かさを目の当たりにすることができた。

　草戸千軒の町を実物大に復元した展示には、当時の衣食住が、見てわかるのではなく、手にとってわかるようになっている。食に注目させたかったので、

手にとってわかる食材のレプリカを集めてみることにした。

　最近では、ショウウインドウに並ぶ食材のレプリカは、ぱっと見たら本物に見間違えるぐらい精巧にできている。大阪の道具屋筋に出かけて見つけた。かまぼこ・高野豆腐・もち・そうめん・ハンバーグ・エビフライ・いわしの甘露煮などを買って準備をすすめた。

4.2　マンガとポテトチップス事件

『授業中にマンガを読むのはやめなさい。』
「なんで、このマンガおもしろいやん。」
『じゃあ、授業中にポテトチップスを食べるのはやめよう。』
「朝食べてないからおなか空いた。これ、おいしいで。」
『・・・』

　授業を拒否するかのような態度をとるユカちゃん（仮名）との格闘は、5年生の後半から始まった。家庭でのいざこざからか、学校がユカちゃんの心の逃げ場所になっているのだとわかっていても、何とか授業に引き込んでいけないものかと模索する日が続いた。

　6年生になって、ヒロシマ修学旅行のとりくみを始めた。千羽鶴の少女・佐々木禎子さんの話、伸ちゃんの三輪車の話など、子どもの心に響く物語をとりあげては、子どもたちと読み進めた。ヒロシマにかかわる取り組みの中では、ユカちゃんはマンガを手にしないし、ポテトチップスも食べたりしない。また、修学旅行のまとめを書く時も、それまでほとんど作文を書かなかったユカちゃんだったが、10枚以上一気に書きあげてしまった。

　私も、周りの子もこれにはびっくりだった。文集にしてみんなで読んだのだが、初めてユカちゃんが何を学びたかったのかを感じ取ったような気がした。ユカちゃんにはこだわりがあったのだ。一言で言えば、それは"いのちの重さ"ではなかったのか。自分が周りの大人たちから大事にされていないような環境の中で、どのように生きていけばいいのかを模索して苦しんでいたのではないだろうか。だから、授業中に、マンガを読んだり、ポテトチップスを食べ

たりするようなデモンストレーションを行い、先生や友だちがどのような反応を示すのかを見ていたのだろう。反応しだいで、クラスの中での行動をどうするかを決めようとしていたのだ。しかし、クラスの仲間は、生活力のあるユカちゃんのそういう態度を見抜いていた。

クラスの仲の良い友だちから、「私らもポテトチップスを食べたくなるし、自分だけ食べるのはずるい。学校では食べるのはやめて。」という呼びかけがあり、ユカちゃんは学校でポテトチップスを食べるのをやめた。マンガについては、私の方から、「ユカちゃん文庫」を置くことを提案した。ただし、「自分たちでよいと思うマンガを選んで学級文庫に置く」、「授業中は読まない」の2つの条件をつけた。

マンガとポテトチップス事件は一応の決着をみた。しかし、ユカちゃんの授業に向かう姿勢に変化はなかった。国語であっても、算数であっても、自分の興味が向いた時だけ反応する程度だった。「いのちをテーマにした学習ができないものか」と考えていると、気になっていたユカちゃんの食生活が思いうかんだ。朝も昼も夜も、お菓子ばかりの食生活なのだ。お菓子で生きているといっても過言でなかった。おなかが空くのか、給食だけは好き嫌いなく食べている。食に対して興味が向くような授業を設定してみれば、授業にのってくるかもしれない。そう思って、毎日のように食べている食の来歴を、歴史の時代ごとにクイズ風に出していくことを考えた。さらに、当時の人びとがどのような食生活をしていたのかを見せることで、自分が食べている食生活に関心を寄せるきっかけをつくることができないかと、時代ごとに特徴的な教材を選んでいった。縄文時代の「どんぐりクッキー」、弥生時代の古代米「赤米」、奈良時代のヨーグルト「生蘇」、鎌倉・室町時代の加工食品「かまぼこ」、江戸時代の「さつまいも」、明治から食べ始めた「白菜」などである。食べることに注目することで、それぞれの時代の社会を見つめることが可能になると思った。

授業に入る前に、大阪の道具屋筋で買ってきた食品のレプリカをユカちゃんに見せた。ハンバーグやエビフライに興味を示し、いろんな食品を触っては、「本物みたい。よくできている。」と感心していた。ユカちゃんが食べ物の教材

に関心を示すことがわかったが、問題は食べ物教材を授業の中でどう使い、ユカちゃんの学びたいことにどうつなげるかだった。

4.3 歴史が再現できるように教材を使う

私がつくり出したレプリカ教材を手がかりして、広島県立歴史博物館の「草戸千軒の復元」のように、中世の人びとの食生活のようすや、お店から商品を買ってさまざまなものを手に入れている人びとのようすを子どもたちといっしょに復元する授業をめざそうと考えた。

まず、NHK大河ドラマように、主人公がいてストーリーのある設定が歴史を復元しやすいだろうと思った。舞台は中世の中州にできた町・草戸千軒とし、子どもたちといっしょに復元していく中世の人びとのくらしの場面として、私がつくり出した中世の庶民の代表「かじ屋のじょうきちさん」を主人公にしようと考えた。授業の中での「かじ屋のじょうきちさん」は、私に代わってユカちゃんに中世の人びとのくらしを物語る役割を担わせることにした。

5．子どもにとって意味のある学びをつくる

5.1 「月次風俗図屏風」に見える農民のくふう （4時間目／9時間）

●授業のねらい

「月次風俗図屏風」から、農民たちは農具や肥料を改良し、集団で農業にとりくむことによって生産を高めたことを理解させる。

●準備するもの

・「月次風俗図屏風」…掲示用に拡大したものと授業用プリント
・唐鋤・馬鍬・水車のイラストが入った資料プリント

●授業展開

「武士の世の中になって、農民はどうしていたんだろうね。」と呼びかけなが

第3章　時代のイメージを育てる生活文化学習を　69

ら、掲示用に拡大した「月次風俗図屏風（つきなみふうぞくずびょうぶ）」を黒板に貼る。
　『これはみんなで何をしているところですか。』
　「田植え」と一斉に返事が返ってきた。

1　田植えの仕事を見つけよう
『そう、田植えをしている絵です。室町時代になると、村のみんなで田植えをするようになります。どんな仕事をしている人がいるか、隣りの人と相談して5つ見つけて下さい。』
「くわで田を耕している人がいます」
「牛を使ってしろかきをしている」
「苗を運んで、渡している人がいる」

「月次風俗図屏風（つきなみふうぞくびょうぶ）」
東京国立博物館蔵

「順番に並んで田植えをしている」
「笛をふいたり、太鼓をたたいたりしている」
「踊っている人もいます」

　謎解きや発見の学習は、一人で考えるよりも複数で知恵を合わせた方が能率もよくなる。さらに、「5つ見つける」という課題を与えて競い合わせると、見つかったときの喜びは大きくなる。
　子どもたちは、一枚の絵からさまざまな仕事を見つけ出す。ところが、回答に対して「これは仕事じゃない」と反論が出てきた。
「笛をふいたり、たいこをたたいたり、踊ったりしている人がいるけど、仕事じゃないと思います。」

2　笛や太鼓は何のため？
『どうして、笛をふいたり、太鼓をたたいたり、踊ったりしているのでしょうか？』
「田植えをしている人たちを、がんばれって応援している」
「田植えの仕事がしやすいように音楽を流している」
「楽しい雰囲気で仕事ができるようにしている」
『田植えをしている人たちは、応援しているからがんばろうという気持ちになるんだろうね。こうやって、仕事を分担しながら田植えをしていたことがわります。』
　笛をふいたり、太鼓をたたいたり、踊ったりしているのは、農民の豊作への願いであり、後に田楽から能へと発展したことを子どもたちに話すといいでしょう。

3　農業生産を高めるためのくふう
『田植えの絵で見たように、農業生産を高めるために、農民はさまざまな工夫を考え出しました。どんな工夫を考え出したのか、教科書や資料集を使って

第3章　時代のイメージを育てる生活文化学習を　71

　　調べましょう。』
「馬鍬や唐鍬などの農具を改良した」
「作物の品種改良をした」
「牛や馬を使った」
「草木灰を使った」
「各地で特産物をつくるようになった」
「共同で用水路をつくった」
「水をくみあげる水車を発明した」
「二毛作が広まった」

4　二毛作の広がり
『室町時代には、米と麦が同じ場所でつくられる二毛作が西日本を中心に広まりました。そのため、田んぼを畑に、畑を田んぼにかえる必要がありました。そこで活躍したのが、唐鋤・馬鍬・水車などの農具と草木灰です。どん

資料

馬鍬（牛鍬）＝土を平らにする農具

水車＝用水路から田に水をくみ上げる農具

唐鋤＝土を掘りおこす農具

（『社会科授業大全集［6年①］』喜楽研　p.138）

な農具だったかを見てもらいます。』

> 　馬鍬も唐鋤も、牛馬にひかせて田畑を広く耕すのに使いました。とりわけ馬鍬は、わが国在来の農具で、土を砕いたりならしたりするのに使いました。長さ約1メートルの横木に約20センチの鉄製の歯10本内外を植え、これに鳥居の形をした柄をつけて、牛馬にひかせました。
> 　また、灌漑用の水を他に送り込む装置として、水車が発明されました。川の流れを利用して、川から水をくみ上げることができました。水車を見た当時の朝鮮使節は、帰国後の報告の中で、日本の農村では水車が利用されていることを取り上げています。

『二毛作は地力をひどく弱らせるので、何回も肥料をまかなければなりませんでした。草木灰にはカリウムが含まれていたので、役に立つ肥料として普及しました。当時の農民たちにとって、草木灰のもとになる草を確保するのはとても大切なことでした。そのため、京都の南になる伏見村と隣の木幡村では、草刈りをめぐり、お互いが実力で草刈りを阻止するほどの争いが起こったという記録があります。このころ、二毛作が広がったのは、同じ場所で二度も作物が収穫できただけでなく、裏作には年貢がかからなかったことが大きな魅力だったようです。』

5.2　かじ屋のじょうきちさんの食事（5時間目／9時間）

●授業のねらい

　かまぼこなどの加工食品が広く食べられるようになり、古代の食事よりも豊かになったことを理解させる。

●準備するもの

・草戸千軒の町並み復元図

　　　　　（『小学校における博物館学習の手引き』広島県立歴史博物館）

第3章　時代のイメージを育てる生活文化学習を　73

・エビフライ・ハンバーグ・かまぼこ・もち・高野豆腐・そうめんのレプリカまたはイラスト。
・草戸千軒遺跡から発掘されたすりこぎとすり鉢
　『はくぶつかん　たんけんノート　《草戸千軒のくらしにふれてみよう》』
　　　　　　　　　　　　　　　　　　　　　　　（広島県立歴史博物館）
・古代の食事とじょうきちさんの食事
　『はくぶつかん　たんけんノート　《草戸千軒のくらしにふれてみよう》』
　　　　　　　　　　　　　　　　　　　　　　　（広島県立歴史博物館）
・『酒飯論絵巻』（京都市　三時知恩寺蔵）のイラストまたは『図説　日本文化の歴史6』（小学館）所収の絵画

●授業展開

草戸千軒復元模型

（広島県立歴史博物館「小学校における博物館学習の手引き」p.17）

1　草戸千軒の町並み

『農村に武士が住んでいたころの話です。広島県福山市に草戸千軒という町がありました。（地図を見せて指しながら）草戸千軒遺跡はここにありました。草戸千軒は芦田川の中州にできた町です。その町並みを復元模型で見てみましょう。』

『自分が小さくなって草戸千軒の町のなかを歩いてみたら、何が見えるでしょうね。』

「板の屋根の家が見えます。」
「船に荷物が積んである。」
「家がつながって建っている。」
「家のまわりには塀がある。」

　子どもたちから意見が出たところで、じょうきちさんという架空の人物を設定し、授業を進める。

2　じょうきちさんが食べていたものは？

『草戸千軒の町には、農具などをつくる鍛冶屋の仕事をしてくらしていたじょ

A　エビフライ　　　B　青菜の汁　　　C　ハンバーグ　　　D　かまぼこ

E　もち　　　F　高野豆腐　　　G　そうめん

（『社会科授業大全集［6年①］』喜楽研　p.146）

第3章　時代のイメージを育てる生活文化学習を　75

うきちさんがいました。これから見せる食べ物の中で、じょうきちさんが食べ
ていたものは何でしょうか。』
　A、B、Cの順に見せ、食べていたかどうかを確かめる。Aエビフライ
(×)、B青菜の汁(○)、Cハンバーグ(×)は、すぐに正解が返ってくる。
ところが、Dかまぼこになると、意見が分かれてきた。

「かまぼこをつくることができなかったのでは」
「でも、材料の魚はいたから食べていたと思う」

3　じょうきちさんは"かまぼこ"を食べていたか？
『じょうきちさんは、かまぼこを食べていたでしょうか。グループで話し合い
　ましょう。どうしてそう考えたのか、その理由も発表してください。』

「材料の魚はとれたし、料理もできたから食べていた」
「かまぼこをつくる技術がまだ日本にはなかった」

草戸千軒遺跡から発掘されたすりこぎとすり鉢
　　　　　　　　　　　　　　（『広島県立歴史博物館―展示案内―』p.65、写真中央）

「まだ無理。だって、かまぼこは加工食品だから」

　討論は、「かまぼこをつくる技術があったかどうか」に絞られていきました。言い換えれば、加工食品をつくることができたかどうかです。そこで、じょうきちさんが住んでいた草戸千軒から発掘された調理道具を見せることにしました。
「あっ、すり鉢とすりこぎ」
「そうか、魚の身をすりつぶしてかまぼこを作っていたんや」
　加工食品に目を向けはじめた子どもたちにとって、E. もち、F. 高野豆腐、G. そうめんを食べていたという正解は簡単に出てくる。正解を出すたびに、「今の食事とほとんどかわらない」というつぶやきがあちこちで起こっていた。

4　古代の食事とじょうきちさんの食事
　古代の食事とじょうきちさんの食事のイラストを黒板に並べて貼る。
『では、じょうきちさんの普段の食事を紹介しましょう。古代の庶民の食事と比べて、気がつくことは何ですか。』
「じょうきちさんの食事は、今とほとんど変わらない」
「メニューが少なかったのが、だんだん増えてきた」

古代の食事

じょうきちさんの食事

(『社会科授業大全集［6年①］』喜楽研　p.66とp.147)

第3章　時代のイメージを育てる生活文化学習を　77

「かまぼこや高野豆腐などの工夫した料理が作られるようになった」
「塩が材料として使われるようになった」

5　中世の台所風景

『当時のかまぼこは、魚の身をすりつぶし、形をととのえ、蒸してつくりました。』

　『酒飯論絵巻』に描かれた中世の台所風景を見せる。

『この絵の中には、かまぼこ作りに必要なすり鉢やすりこぎの道具が描かれています。他にも、このころ使われていた道具がたくさん見えます。さがしてごらん。』

　グループになっているので、仲間と協力しながら、しゃもじ・包丁・たる・おけ・ざる・すり鉢・すりこぎ・おたま・茶碗と、グループで競い合うようにしてつぎつぎと調理道具を探し出していった。

『酒飯論絵巻』のイラスト

（『社会科授業大全集［6年①］』喜楽研　p.147）

6　かまぼこづくりの実況中継
『では、いま見つけた調理道具や台所の絵を見て、かまぼこづくりなど調理の実況中継をしてもらいましょう。』

　いきなり実況中継はできないので、台所風景の絵を見せながら教師の方から例文を示す。例文をもとにすれば、子どもたちも考えやすくなる。
☆例：みか子の実況中継
　ゴリゴリ。ん？　男が何かをすりつぶしているようです。何をしているのでしょうか？
「あのー、何をしているですか？」
「魚をすりつぶしてるんだよ」
　そのとなりでは、すりつぶした魚の身をつめているようです。「かまぼこ」をつくっているのでしょうか。むこうでは、かまどに火をつけて、さっきつめていた魚の身を蒸し始めています。やっぱりかまぼこをつくっていたようです。できあがりが楽しみですね。以上、みか子が現場からお伝えしました。

5.3　京の町での物の売り買い（6時間目／9時間）
●授業のねらい
　各地に市場ができたり、京の町では店や物売りなどがあらわれたり、物の売買が広く行われるようになったことを理解させる。

●準備するもの
・草戸千軒の市場の復元図（『広島県立歴史博物館　展示案内』）
・京の町での物売りのイラスト
　または、「『七十一番職人歌合』の女性たち」（『週刊朝日百科3　日本の歴史中世Ⅰ－③　遊女・傀儡・白拍子』朝日新聞社）に掲載されている魚売・豆売・扇売・帯売・白粉売・大原女の6名の物売りを掲示用に拡大したカラーコピーを用意し、実物投影機で拡大して映し出してもいいでしょう。

第3章　時代のイメージを育てる生活文化学習を　79

・洛中洛外図屏風に見る京の店
　　　　　　　　　（『図説　洛中洛外図屏風に見る』河出書房新社）
　洛中洛外図屏風の絵画史料は、授業用のプリントにして配布。

●授業の展開
1　じょうきちさんの食事の材料
『じょうきちさんが食べていた物は、どうやって手に入れたのでしょうか。自
　分で育てたり、採ったりしたのかなあ。』
「自分で育てたり、採ってきたりしたのもあるかもしれないけど、店で買った
　と思う。」
「もう市場があったので、市場で買った。」
『じょうきちさんが住んでいた草戸千軒にも市場がありました。』

　ここで草戸千軒の市場と船着場の復元図を見せる。復元図を指さしながら、
壺・魚・貝・海藻・塩・米・豆・野菜・山鳥・むしろ・土器などが売られてい
たことを知らせる。

草戸千軒の市場の復元図
　　　　　（『広島県立歴史博物館―展示案内―』p.58)

市場は各地にできたことを現在に残る地名で知らせる。たとえば、三重県四日市・広島県廿日市などである。地図帳で確かめてみるとよい。

2　地方の特産物
『今でもそうですが、地域によって食べていた物が違うことはよくあります。地域の気候条件を生かして、特産物がつくられるようになりました。どんな特産物があったのか、教科書や資料集で調べましょう。』

教科書や資料集を調べると、加賀・丹後＝絹織物、播磨＝紙、吉野＝葛、奈良＝墨、三河＝木綿、宇治＝茶などが出てくる。子どもたちの発表に合わせて板書していく。

3　京の町での物の売り買い
『京の町でも物の売り買いが行われていました。では、これから見せる物売り

京の町での物売り

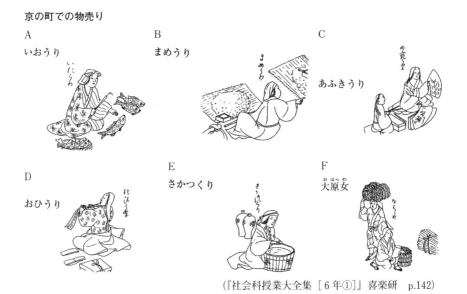

A　いおうり
B　まめうり
C　あふきうり
D　おひうり
E　さかつくり
F　大原女

（『社会科授業大全集［6年①］』喜楽研　p.142）

第3章　時代のイメージを育てる生活文化学習を　81

たちが売っている物を当ててください。』
　Ａいおうり（魚売）、Ｂまめうり（豆売）、Ｃあふきうり（扇売）、Ｄおひうり（帯売）、Ｅさかつくり（酒つくり）、Ｆおはらめ（炭・薪を売る大原女）の順に見せる。クイズ形式なので、子どもたちも気軽に参加できる。

『最後に見せた薪を売っている人は、京都の大原という里から来た物売りの女の人なので、大原の女と書いて、"おおはらめ"と呼ばれていました。』

4　京の町を歩いてみよう
『物売りたちが行き来していた京の町のようすをあらわした「洛中洛外図屏風」です。この絵の中を歩いてみましょう。何が見えますか。』
　まず、物の売り買いをする人の動きをとらえた発言が集中した。

「紙や矢を売っている店があります」
「頭の上に品物をのせている人が見えます」
「かごに品物を入れてかついで売っている人がいます」
「店の中で餅をついている人がいます」
「机の前にすわって筆で何か書こうとしている人が見えます」
「物売りが道を歩いています」
「頭巾をかぶった女の人が店に物を買いに来ています」
　やがて、路上の人の姿に目が向いていきます。
「子どもやお坊さんの姿が見えます」
「マスクのようなものをして頭に何かかぶって2～3人組で道を歩いている人（註：節季候（せきぞろ））がいます」
　節季候とは、歳末から新年にかけて、2～3人組で赤絹で顔をおおい、特異な姿をして「せきぞろござれや」とはやしながら歌って踊り、初春の祝い事を述べて米銭を乞い歩いた人たちのことである。これについては簡単に説明する。

さらに、建物のようすにも目を向けさせる。
「店の屋根は板でできているのが見えます」

洛中洛外図屏風に見る京の店
（国宝「洛中洛外図屏風 上杉本」（部分）狩野永徳筆　米沢市上杉博物館所蔵）

「店の中も板の間になっています」
「店の前に木を並べておいているのが見えます」
　店の前に並べている木は門松であり、絵に描かれた場面は正月前の京の町のようすをあらわしていることを知らせる。

　生産力が上がり、各地で特産物がつくられるようになると、それらの品物は政治・経済の中心地である京都に集まってくる。「洛中洛外図屏風」絵図の読み取りの中では、生産力が高まり、余剰生産物が商品として店棚や物売りによって売られるようになって、品物を買い求める庶民のくらしも豊かになっていったとつなげてとらえさせるようにしたい。

6．小学校の歴史学習のあり方を問い直す

6.1　子どもたちが描いた室町時代の風景
　「かじ屋のじょうきちさん」の授業後の子どもたちの感想から、実践を振り返ってみたい。感想は大きく3つのタイプに分かれた。

☆現代的な視点から、当時の食べ物や道具に驚きを示すタイプ
　今日は、かじやのじょうきちさんの食事と古代の食事をくらべた。最初に、じょうきちさんが食べていたものあてをした。その中で、あたりは、かまぼこ・わかめのみそしる・こうやどうふ・そうめん・もちでした。私は、かまぼこやこうやどうふがあったのでびっくりした。どうしてって、加工食品だからです。
　そして、古代とじょうきちさんの食事をくらべた。じょうきちさんの食事は、シジミのしるもあったし、焼き魚もあった。古代はそんなのはなくひじきと塩と玄米のごはんだけなので、メニューやおかずがちがったり、ふえてたりした。かまぼこをつくるのに、すりばちやすりこぎの道具まであったとわかった。

☆中世を、古代よりも進歩した時代だと感じるタイプ

　今日は研究会で、かじ屋のじょうきちさんのことをやりました。じょうきちさんは、もうすりばちを使っているので、すごい進歩だと思う。だけど、まえにもすりばちではないけど、道具は使っていました。じょうきちさんの時代には、加工食品もあるし、古代の食事よりも食べるものがふえている。そんなことから考えると、古代からじょうきちさんの時代ではずんずん進歩している。だから、もっと進歩していくと思う。

☆中世を技術が発達した時代だと感じるタイプ

　私は、もうこの時代から、私たちが食べているものを食べていたということがわかってびっくりした。もう加工食品も食べているのだから、技術もはったつしてきたと思う。古代の食事とくらべて、とってもごうかになったと思う。

　注目する視点のちがいによって、子どもたちの感想は分かれている。しかし、子どもたちが共通に描いている中世は、前の時代よりも今の時代に近づいている風景である。このことは、子どもたちの暮らす「今」とつながり、「今」を見つめる視点にもなってくる。歴史学習の目的を、「今のくらしと昔がどうつながっているかを知り、これからに生かすため」と言った子どもたち。子どもたちにとって意味のある学習内容であればあるほど、子どもたちはどんどん学びの世界を広げていくものだと感じた。

6.2　時代の典型を　イメージ豊かに

　わたしは、小学生には、紆余曲折しながらも社会はだんだんと進歩・発展してきたことをとらえさせたいと考えている。自分たちの今のくらしは歴史の進歩・発展の延長線上にあり、これからのくらしも進歩・発展することを子どもたちには学ばせたいからである。「社会は進歩・発展しているなあ」と子どもたちが感じられるようにするには、社会の進歩・発展をとらえる視点が必要である。わたしは、次のように考えている。

> （前近代）生産力の発展によってくらしが豊かになってきた。
> （近現代）一人一人の人権が大事にされるようになってきた。

　時代の典型とは何かをさぐっていくのは、この2つの視点にたって、それぞれの時代ごとに何を教えるかをしぼっていく仕事である。いいかえれば、どういう時代像を子どもたちに描かせれば、社会の進歩・発展がつかみとれるかを考えることである。それは、子どもがそれぞれの時代を豊かにイメージできた時にはじめて可能となる。それぞれの時代の典型を、子ども自身がイメージ豊かに描けるような教材づくりや授業方法の開発に力を注がなければならない理由がここにある。
　また、「時代の典型」を学んだ子どもが、時代のイメージをどう描いたのか（または描いているか）をつかみながら、実践や指導の方向を柔軟に変えていくことが求められていると思う。

6.3　「かじ屋のじょうきちさんの食事」の授業をめぐって

> 　庶民のくらしが古代よりも豊かになったというが、すべての庶民が豊かになったわけではない。税で苦しめられている庶民もいたことを教えるべきではないか。

　歴史の実証的な研究においては、それぞれの事例が「特殊」であり、かつ「一般性」をそなえていることは確かである。その「特殊性」と「一般性」をふまえた歴史学習をすすめていくべきではないかという問題提起であると受けとめた。とりわけ、庶民の間でも、さまざまなくらしがあったことを教えることが大事であるとの指摘である。
　ここで問題になるのは、小学校の歴史学習において、歴史的な事象を「特殊性」と「一般性」の両面から教える必要があるかどうかということである。す

なわち、庶民の中にも、豊かなものもいれば貧しいくらしをしていたものもいることを教えるべきだという主張についてである。

　わたしは、小学校の歴史学習では、「特殊」と「一般」の2つの側面の内容をむしろ同時に扱わない方がよいと考えている。それは、庶民のくらしの中にある貧富の差によるさまざまなくらしぶりを小学校の歴史学習では扱わなくてよいという主張である。

　たとえば、古代の律令制を教える教材として、貴族の食事と庶民の食事のモデルを提示した。ここでは、両者を比べることで、貴族の食事が農民の税負担によって成り立っていることをわからせようとしたのである。ここでは、貴族と庶民という階級による食事のちがいにもふれていないし、貴族なり庶民なりの層の中での貧富の差による食事のちがいにもふれていない。貴族の代表と庶民の代表となるモデルの比較を通して、律令時代がイメージできればじゅうぶんではないだろうか。草戸千軒の人びとのくらしを扱う時も同様である。たしかに、草戸千軒という地域的な条件によるくらしぶりのちがいは考慮にいれなければならない。しかし、中世の町の一つである草戸千軒での人びとのくらしは、子どもたちの中世の町や人びとのくらしのモデルになる。このモデルは、古代の庶民のくらしよりも豊かになっていることを子どもたちには示してくれる。また、そのモデルをもとにして、子どもたちがちがった中世の人びとのくらしにふれた時、イメージを変化させていくことも可能となる。小学校では発展可能性のある扱い方をしたい。

　また、近世を見通して中世の時代の「典型」という観点からみれば、この時代になって農民・商人・職人・武士などが登場してくるが、まだ固定化されない状態であることに子どもたちが気づけばじゅうぶんである。「税で苦しめられた庶民」がいたのはどの時代にも共通しているし、あえて扱ったとしても庶民の「悲劇性」が増すばかりである。そうではなく、庶民の日常の営みが歴史の進歩や発展につながっていることを小学生にはとらえさせたい。庶民の階級が分化している状態を教えるのは、その背景を含めて中学校・高校での歴史学習の課題にしてはどうかと考えている。

　　　　　　　　　　　　　　　　　　　　　　　　　　　　（**倉持祐二**）

注

(1) 足立己幸/NHK「子どもたちの食卓プロジェクト『知っていますか　子どもたちの食卓　食生活からからだと心が見える』　NHK出版　2000年
(2) 鈴木正気『学校探検から自動車工業まで』あゆみ出版　1983年
(3) 佐伯胖『子どもが熱くなるもう一つの教室―塾と予備校の学びの実態』岩波書店　1997年
(4) 安野功「連載・小学校新学習指導要領の重点指導事項①　中教審教育課程部会の審議のまとめの読解点④」
　　　　　　　　　　　　　　　　　　　『社会科教育』明治図書　2008年4月号
(5) 知里保「『審議のまとめ』が書かなかったこと」
　　　　　　　　　　　　　　　　　　　『クレスコ』大月書店　2008年1月号
(6) 平野昇「縄文の復活、学ぶ意義を再確認しよう」
　　　　　　　　　　　　　　　　　『歴史地理教育』2008年7月増刊号　No.732
(7) 『新しい社会　教師用指導書　研究編　6年上』　東京書籍　2011年
(8) 安野功編著『活動と学びを板書でつなぐ　全単元・全時間の授業のすべて　6年』東洋館出版　2005年
(9) 同上

第4章　ドラマのある歴史の授業をつくりたい
　　　——「漂流民とペリー来航」の教材開発

はじめに

　歴史を扱ったテレビのクイズ番組や歴史情報番組の方が、教室で展開される歴史の授業よりも遙かに面白い。「世界ふしぎ発見」、「その時歴史が動いた」など、50分程度の時間で、再現ドラマや現地映像、歴史研究者など専門家の最新の研究成果、当時の文書資料や絵画資料などを駆使して、謎に迫っていき、最後は「なるほど」「面白い」「物知りになった」という気持ちにさせてくれる。番組の最初に、ある歴史的事件から見えてくる疑問点を示して、「なぜ…なのか？」というテーマを提示する。その上で、そのテーマを解明するための仮説を設定し、その仮説を検証する方向でストーリーが作られていく。番組を見ていくにつれて、意外な事実が提示され、たくさんの「なぜ」が導き出され、それを再現ドラマや文書資料、歴史研究者の解説で解明していき、最後には謎が解ける。この手法は、【事象への直面】→【学習問題の設定】→【仮説（予想）づくり】→【検証（調査・究明）】→【結論】という仮説検証型授業のプロセスを踏むことで、歴史的思考力を育てながら、歴史を学ぶ面白さに気づかせていく手法を含んでいる。

　一方で、教室での授業はこのような「学び方を学ぶ」プロセスを踏んだものになっているのか。私は、約30年間、中学校と高校で社会科を教えてきた。2005年当時勤務していた工業高校の2年生に中学校時代日本史が好きであったかを尋ねたところ、約半数の生徒が「きらい」「どちらかというときらい」と回答した（142人中66人）。ほとんどの生徒が、「覚えられないからきらい」「歴史事項を羅列するだけで、内容が理解できない」など、「歴史は暗記物」との認識から、歴史の授業に拒否的な感想を持っていた。一方、日本史が好きで

あったと回答した生徒も、「覚えたらすむから」との理由をあげるものが多く見られた。私も例外ではないが、教室での授業が知らず知らずのうちに知識のため込みを要求する授業になっているのではないだろうか。

現在教えている大学の教科教育法（社会科教育法や地歴科教育法）の授業で模擬授業を作らせると、多くの学生が中学・高校時代に自分が受けてきた授業をモデルに、歴史事項を覚えさせる授業を作る。授業の要所要所で「ここは大事だから覚えておいてください」と言葉を挟みながら説明をし、授業プリントの（　）に重要事項を書き込んでいくパターンだ。黒板には歴史用語だけが書かれ、暗黙の内に知識のため込みが要求される。

私が行う仮説検証型のモデル授業を体験した学生は、「初めての体験でどうしていいのかわからなかった」と、授業後の感想カードに書いている。おそらく、小学校では多くの疑問を授業の中で発見し、クラスの仲間と予想を出し合い、調べ学習を通じて真理を解明し、その結果として知識を獲得するような授業を経験してきたのだろうが、受験という関門をくぐる中で知識を多くため込むことこそが勉強だとする認識を体験的に獲得してきたのだろう。

パウロ・フレイレは、このような学習を「銀行型教育」と名付け、そこでの教師・生徒関係と「学び」を次のように説明している。

「銀行型教育」のもとでは、教師は一方的に語りかける人であり、生徒は語りかけられる内容の機械的暗記者であり、教師によって満たされるべき入れ物に変えられる。入れ物をいっぱいに満たせば満たすほど、それだけその教師はよい教師であり、入れ物である生徒は従順に満たされれば満たされるほど良い生徒である。教育はこうして、預金行為となる。そこでは、生徒が金庫で教師が預金者である。教師は、交流の代わりにコミュニケを発し、預金をする、生徒はそれを辛抱強く受け入れ、暗記し、復唱する。これが銀行型教育概念である[1]。

多くの教室で展開されている「銀行型教育」を転換させるためには、教師自身が自己変革する必要がある。それは、教師・生徒関係を「教え―教えられる」関係から「ともに学ぶ」関係に転換することだ。教師は、すでに獲得して

いる知識をわかりやすく教える教授スキルを磨くのではなく、その前提になる知識自体を問うてみる姿勢で教材研究を深めることに心がけるべきだ。生徒の知的好奇心を引き出すためには、小手先の技術に頼るのではなく、教師自身が知的好奇心を持って教材に立ち向かうことが必要だ。

本章では、小・中・高校の歴史学習で扱われる「ペリー来航」を取り上げ、その教材のあり方を検討したい。ペリー来航と日本の開国について、加藤祐三は『幕末外交と開国』のあとがきで、次のように指摘している。

「黒船来航と日本開国について、日本には今なお次のような理解が広く存在している。①無能な幕府が、②強大なアメリカの軍事的圧力に屈し、③極端な不平等条約を結んだとする説である。

言い換えれば、「幕府無能無策説」と「黒船の軍事的圧力説」の二つを理由として、そこから極端な「不平等条約」という結論を引きだそうとする単純な三段論法である。」[2]

加藤は、この見方が条約改正を政治的重要課題として位置づけた明治政府による、不平等条約を結んだ江戸幕府の無能無策ぶりを強調する政治的キャンペーンによるものとし、日米双方の資料に裏付けられた歴史の実像を明らかにすべきだと主張する。

そこで、小学校と中学校の歴史学習で扱われる教材として「ペリー来航」を取り上げ、小・中学校の教科書記述を分析した上で、ペリー来航に際して日本の開国を陰で支えた人々を教材化することで、鎖国概念の見直し、江戸幕府の外交交渉の姿を認識させるための教材の開発を目的とする。なお、本教材は、中学校での歴史的分野、高校「日本史A」の授業を想定している。

1. 小学校と中学校の教科書に「ペリー来航」はどう書かれているのか

1.1 小学校歴史教科書：日本文教出版『小学社会 6 年上』平成23年版

「大単元　6明治維新から世界のなかの日本へ」の導入段階で、黒船来航の

第4章 ドラマのある歴史の授業をつくりたい 91

絵図（pp.86-87）を示して、学習問題を発見させ、学習計画を立てさせている。イラストの子ども4人の吹き出しに、①アメリカの軍艦を見た人たちは、「黒船がきた。」とおおさわぎしたそうだよ、②そのころ、外国船は、長崎にしか出入りできなかったはずだよ、③大統領の手紙にはどんなことが書かれていたのだろう、④どうしてアメリカの軍艦が日本にやってきたのかな、と気づきや疑問点を語らせている。そして、「黒船の来航は、日本にどのようなえいきょうをあたえたのでしょうか。ペリーの来航をきっかけに、日本はどのように変わっていったのか調べてみましょう。」と学習問題を提起する。

続く小単元「黒船の来航と鎖国の終わり」では、「はるかさんのノート」を示して、はるかさんが黒船来航について図書館などで調べてわかったこととして、ペリーが幕府に要求したことは、①難破したアメリカ船の乗員を保護すること、②アメリカ船に食料や水・石炭などをあたえること、③貿易を行うこと、の3点であったこと、幕府は、このことを朝廷に報告するとともに、各大名に意見を求めたことをあげている。その上で、「わたしの考え」として、「幕府が、国の政策について大名に意見を聞かなければ対応できなかったのは、幕府の力がおとろえてきたからだと思いました。」と書いている。

続いて本文の記述は、1854年に日米和親条約を結び、下田と函館の2港を開いたこと、さらにアメリカが貿易を求めてきたので、幕府は朝廷や一部の大名の反対を抑えて、1858年にアメリカやイギリスなど5カ国と通商条約を結んだ結果、200年以上も続いた鎖国が終わったと書かれている（通商条約の結果開かれた5港とその位置を示す地図あり）。そして、次のように締めくくられる。

「幕府がアメリカなど5カ国と結んだ通商条約では、外国人が日本で罪を犯しても、日本は処罰できないこと（治外法権）や、輸入品に自由に税金をかける権利（関税自主権）を日本に認めないことが決められた不平等なものであった。この条約が、後に日本にとって重い問題となっていきました。」(p.89)

次の小単元「幕府の政治の終わり」では、開国の結果、幕府や藩の政治の失敗、物価の上昇に対する民衆の不満を背景にして、江戸幕府が倒され天皇中心の国家づくりの方向へ動き出すことが書かれる。

1.2　中学校歴史教科書：東京書籍『新しい社会　歴史』平成24年版

「ペリー来航」は以下のような単元構成の中で記述される。

第5章　開国と近代日本の歩み
　第1節　欧米の進出と日本の開国
　　1　近代革命の時代（ヨーロッパの繁栄と啓蒙思想／イギリスの革命／アメリカ合衆国の独立／フランスの王政／フランス革命）
　　2　産業革命と欧米諸国（産業革命／資本主義の社会／19世紀の欧米諸国）
　　3　ヨーロッパのアジア侵略（イギリスのアジア貿易／アヘン戦争／インドの植民地化／ロシアのアジア進出）
　　4　開国と不平等条約（ペリーの来航／不平等な通商条約／開国の影響）
　　5　江戸幕府の滅亡（尊王攘夷運動の高まり／倒幕の動き／大政奉還と王政復古）

「ペリーの来航」の記述は以下の通り。

「日本を開国させたのは、アヘン戦争で中国を開国させたイギリスではなく、アメリカでした。アヘン戦争後に中国進出に乗り出したアメリカは、太平洋を越えてアジアとの貿易を望むようになり、日本を太平洋横断航路の中継地にするため、東インド艦隊司令長官ペリーを派遣しました。ペリーは1853年、4隻の軍艦を率いて浦賀（神奈川県）に来航し、日本の開国を求める大統領の国書を、江戸幕府に差し出しました。

　幕府は、国内の意見をまとめようと、先例を破って大名の意見を聞き、朝廷にも報告したため、大名や朝廷の発言権が強まるきっかけとなりました。幕府は、翌年ふたたび来航したペリーと日米和親条約を結び、下田（静岡県）函館（北海道）の2港を開き、アメリカの船に食料や水、石炭などを供給することを認めました。」(p.142)

この記述に引き続いて、アメリカの強い求めに応じて日米修好通商条約を結び、5港開港、自由な貿易を始めたことを書き、(安政の五カ国条約にも触れ)「これらの条約は、領事裁判権を認め、関税自主権がないなど、日本にとって不利益な内容を含んでいました(不平等条約)。」と結んでいる。最後に「開国の影響」として、自由な貿易が日本経済に大きな影響をもたらしたことを、金銀の交換比率が外国と違ったことから外国人が銀貨を持ち込み金貨を安く入手して大量の金貨が流失したこと、それを防ぐために幕府が行った貨幣改鋳が国内の物価上昇をもたらしたことなどが説明される。

その他、史・資料として「日米和親条約」の第2条(2港開港と米船による薪水・石炭などの調達)と第9条(片務的最恵国待遇)、「日米修好通商条約」第4条(関税条項)と第6条(領事裁判権)、幕末の貿易と貿易相手国の統計資料、通商条約以降の米と醬油の物価上昇のグラフを載せて、教科書記述の根拠を示している。授業では、これら複数の史・資料を読み取り、総合してどのような結論が導き出されるかを表現させる(思考・判断・表現)ことが想定されていると考えられる。

1.3 小・中学校教科書記述を比較する

第1に、ペリー来航による開国と通商条約締結についての基本的な内容は、小・中学校ともほとんど同じ内容の記述になっている。アメリカ政府が開国を迫った理由、条約締結について幕府が諸大名に意見を求めたこと(幕府権力の弱体化)、鎖国体制が終わったこと、領事裁判権(治外法権)を認めたこと、関税自主権がないこと、自由貿易によって生まれた物価上昇が民衆の不満を生み出したこと、朝廷や一部大名の発言権が伸びて幕府が倒れることになったことが共通して記述されている。また、ペリーの肖像画、ペリー来航の絵図、ペリー艦隊の航路図が双方の教科書に載っている。

第2に、小学校の教科書は、調べ学習を設定し、調べたことを発表して話し合う中で、知識を獲得させるという学習方法が想定されている。大統領の手紙の内容を調べた「はるかさんのノート」をもとに、「どうしてアメリカの軍艦

が日本にやってきたのか」を子どもたちが共同して考えるという学習計画であろう。それに対して、中学校の教科書は、複数の史・資料を根拠に教科書の記述内容が歴史研究の成果であることを示し、科学的認識を獲得させることを意図している。従って、小学校段階では「学び方を学ぶ」ことを重視するのに対して、中学校では歴史的思考力を育てながら科学的認識に至ることを意図していると考えられる。しかし、中学校の場合、複数の史・資料を分析・総合するというプロセスを省いてしまうと、単に教科書記述を知識として覚えればよいことに陥ってしまうことになる。

第3に、中学校の記述は、欧米諸国のアジア侵略という文脈の中に、ペリーの来航と日本の開国を位置づけて記述している。小学校の教科書記述ではほとんど触れられない部分であり、中学校の授業では世界史的視野を重視して教える（学ぶ）必要があることをあらわしている。

第4に、小・中学校の教科書記述は、ともに「面白くない」と感じる。無味乾燥な教科書だけを使って授業するのであれば、冒頭に紹介したテレビの歴史情報番組にはかなわない。物語性がないのだ。ワクワク、ドキドキしながら授業に参加し、「へー、そうだったんだ」「歴史って面白そう」と思わせるような授業を作る仕掛けは、教科書には書いていない。子どもたちに「面白い」と言わせる授業を作るポイントは、教師の教材研究にかかっている。具体的には、私たち教師にすり込まれている「①無能な幕府が、②強大なアメリカの軍事的圧力に屈し、③極端な不平等条約を結んだ」という暗黙知を問い直してみることだと考える。

2．生徒に「面白い」と言わせたい

4月の最初の授業をどう作るか。私は、これからの一年間、子どもたちが興味を持って授業に取り組んで欲しいと願って、最初の教材づくりにすべてをかけてきた。

教師になって25年余、私の目の前にいる高校生は、今まで培ってきた教授ス

キルが通用しない子どもたちだった。資料も読んでくれないし、質問しても「わからん」で一蹴される始末だ。黒板に板書する際にも3行以上書くと、「先生書き過ぎや」の総攻撃に合う。「大事なところやから、がんばって書こう」と言って続けると、「ワケワカラン」と言って寝てしまう。

　授業が始まってもいっこうに授業を受ける態勢にならない。机の上には、鏡、マニキュア、櫛、プリクラを貼り集めたノート、マンガ、携帯電話などが並ぶ。鏡を前に化粧に余念のないのない生徒に、「お化粧はやめて、授業しよう」と声をかけると、化粧はやめるが、プリクラノートを出して見始める。それをしまわせると、漫画を開く。それをやめさせると携帯電話を触り出す。それをやめさせると、鏡を出して化粧再開だ。このようないたちごっこが続いたあげくに、「もういいねん、どうせ私らアホやから」と言って寝てしまう。

　彼らは「小学校3年から勉強がわからなくなった」と言う。小中学校のある段階で学習から疎外されてきた生徒たちだ。彼らは、教師の「教え」にある種の胡散臭さを持っているのかもしれない。教師は、教材を通じて示される知識がなぜ必要なのかも実感させることなく、次から次へと知識のため込みを要求する。そして、ため込まれた知識量で成績がつけられ、入れる高校が割り振られる。

　高校に入った今、学ぶ意味はなんなのか、高校で学ぶ内容が自分の将来に役立つとも思えない。「微分や積分なんてこれからの生活に必要ないもん」「何で歴史なんて勉強しなあかんの？　小学校でも中学校でも勉強してきたし、もうやらんでもいいやろ」等々、教師に学ぶ意味を問いかけても納得できる答えはかえってこない。「しっかり努力して単位を取らないと留年するぞ」と、脅しまがいの答えが返ってくるばかりだ。「単位なんて取れなかったら高校辞めたらええんや」と居直ったら、授業も放課後のアルバイトまでの時間潰しにすぎなくなる。

　その学校に赴任してから、教師としてのアイデンティティを根底から崩されるような場面に日常的に立たされていた。そこでは「教師が教える人」で「生徒は教わる人」という関係が成り立たないからだ。生徒が「教えてイラン！」

と態度で示してくるから、「教え―学ぶ」「教え―教えられる」関係ではなく、「教え―拒否する」関係で迫ってくるのだ。授業が面白かったら1時間参加するけど、そうでなかったら化粧をしたり音楽を聴いている方が楽しいのだ。

彼らに「先生の授業面白いわ、わかるから楽しい」と言わせたい。今まで作り貯めてきた教材を脇に置いて、一から彼らの「学び」を引き出すような教材づくりに取り組んでみようと考えた。担当科目は「日本史A」、近現代史を教える科目だから、教科書は幕末から書かれている。

ほとんどの高校生が知っている歴史上の外国人は「ペリー」と「ザビエル」である。この2人は小学校歴史で取り上げるべき人物42人の中に入っている2人の外国人だ。ペリーを扱おうと、小・中・高校の教科書を読んでみたが、全く面白くない。「ペリー来航」に関して押さえるべき最小限度の知識は小学校段階からほとんど変わらない。しかし、高校の「日本史A」の教科書は18世紀末のラックスマンの来航から書かれ、ペリー来航までの国際関係を含めて複雑な国内事情まで書かれている。扱い方を間違えると、たくさんの歴史用語を覚えさせることになる。歴史嫌い、授業嫌いをさらに増やすことになりかねない。

そこで、物語性のある「お話日本史」のような授業ができないかと考えてみた。一つは、「ペリーの黒船に向かって、幕府の役人はなんと言ったんだろう。そもそも、何語で話したんだろう？」という私自身の疑問であった。今まで高校生を教える時、考えもしなかった疑問である。こんなことは教科書にも書いてない。雑学のたぐいである。「江戸時代はオランダと貿易してたから、オランダ語で何か言ったんだろう」と考えながら、ネットで検索してみると、"I can speak Dutch"とオランダ通詞が黒船に向かって話したことがわかった。日本には、英語が話せる通訳がいたんだ、という興味深い発見だった。

二つ目は、「日本史A」（東京書籍、平成17年度版）の教科書を読んでいて気づいた疑問点である。第1章を読み込んでいくと、「内憂外患の情勢」の項に「モリソン号事件」のことが載っていて、教科書記述には次のように書かれている。

第4章　ドラマのある歴史の授業をつくりたい　97

「漂流した日本人を送還し、貿易開始を交渉するために江戸湾に入ったアメリカの商船モリソン号が撃退される事件が起きた。」(p.42)

ほとんどの日本史教科書に載っている事件だが、いままで気にもとめなかった。「漂流した日本人とは誰なのか」、「ジョン万次郎は帰ってきたのに、この日本人はなぜ帰れなかったのか」、「その日本人はその後どうなったのか」等々、いくつか疑問点がわいてきた。この疑問点が明らかになれば、ドラマティックな授業が作れそうな予感がした。

3．モリソン号に乗っていた漂流民はだれか

こんな時インターネットは便利だ。当時の検索記録がないので、その時の手順に従って検索してみよう。まず、「モリソン号事件　漂流民」で検索をかけた。36400件（Gooogle 検索　2014.1.13アクセス）もの項目にヒットした。論文や教材資料としては絶対使えないが、概要を確認するのにはウィキペディアで十分だ。概要には以下の通り書かれている。

「鹿児島湾、浦賀沖に現れたアメリカの商船（当時はイギリス船とされていた）「モリソン号（Morrison）」に対し薩摩藩及び浦賀奉行は異国船打払令に基づき砲撃を行った（江戸湾で砲撃を命ぜられたのは小田原藩と川越藩）。しかし、このモリソン号にはマカオで保護されていた日本人漂流民の音吉ら7人が乗っており、モリソン号はこの日本人漂流民の送還と通商・布教のために来航していた事が1年後に分かり、異国船打払令に対する批判が強まった。またモリソン号は非武装であり、当時はイギリス軍艦と勘違いされていた。のちに、『慎機論』を著した蘭学者渡辺崋山、『戊戌夢物語』を著した高野長英の尚歯会2人らが幕府の対外政策を批判したため逮捕されるという事件（蛮社の獄）が起こる。」

漂流民7人のうち一人は「音吉」という名前であることがわかった。「音吉」にはリンクが張られていて（http://ja.wikipedia.org/wiki/%E9%9F%B3%E5%90%89）、音吉に関する情報を入手することができる。しかし、ウィ

キペディアはくせ者だから、さらにいくつかのサイトにあたって、真偽のほどを確かめなくてはならない。「モリソン号　漂流民　音吉」で検索をかけてみた。いくつか記事が出てくるが、情報源がウィキペディアのものは省く。情報源がウィキペディアとは違う記事として二つに注目した。

　一つは、「幕末外交の評価」(http://www.geocities.jp/finedoso/b-nanbukouen-1.htm) だ。この手の記事でも嘘が書かれているものも多くあるから要注意だ。私は、少なくとも書き手のプロフィールが書かれているもの以外は信用しないことにしている。この記事は、「老人大学南部講座同窓会第19回定期総会特別講演（2005.5.20　ファインプラザ大阪）」の記録で、講師は帝塚山大学講師の白土芳人氏（ペンネーム　津雲清富）がつとめたとある。念のため帝塚山大学のシラバスを検索して記事の真偽を確かめると、白土氏は、社会科・地歴科教育法ⅠⅡの授業を担当している（2007年教材開発当時）から、一応信用してもいいかな（？）と目星をつけた。白土氏は、日本の役人の能力のなさを日本人がどうとらえてきたかを、昭和18年発行の「初等科国史」と昭和34年発行の「六訂　日本史」（山川出版社）の記述を参考に講演している。その中で、「日本の役人には能力がなかった」ということを、条約調印直後に「上海にいた漂流民の音吉という人」が述べているとして、その音吉の説明を次のように書いている。

　「この音吉は、尾張の廻船の船員でペリーが来る20年程前の1832年に尾張から江戸へ向けて出航した後、遭難して1年以上太平洋をさまよったあげく、カリフォルニアでネイティブアメリカン（インディアン）に救われたものの、奴隷としてこき使われていました。それをインディアンと毛皮の取引をしているハドソン湾株式会社の社員がかわいそうだと救い出してくれまして、それからイギリスを経て香港、マカオまでやって来て、1837年にモリソン号というアメリカの船が、音吉等を日本へ送り返してくれることになりました。

　当時日本は異国船打払令を出している。モリソン号はそれを知っていたので日本へ近づくときは大砲などの武装を解除して向かいましたが、浦賀で砲

撃を受け鹿児島で追い返されてしまいます。」
　二つ目は、「シンガポール人物伝part 1シンガポールに初めて住んだ日本人は日本人最初の"国際人"であった音吉」(http://www.jas.org.sg/magazine/yomimono/jinbutsu/otokichi/otokichi.htm)だ。この記事の出所は「シンガポール日本人会」(http://www.jas.org.sg/)である。この記事には、音吉らがドイツ生まれの宣教師ギュツラフのもとで聖書の日本語訳に協力したこと、1849年イギリス軍艦マリナー号で浦賀に行き中国人通訳の「林阿多（リンアトゥ）」と名乗っていたこと、1854年の日英和親条約の際通訳として日本に行き日本人としてそれまでの経緯をしゃべっていること、シンガポールに移り住んでから幕府の遣欧使節団がシンガポールに立ち寄ったとき福沢諭吉やペリー来航時通訳を担当していた森山栄之助らと会っていることが書かれている。
　福沢諭吉は『西航記』の一節に次のように音吉のことを書いていることが紹介されている。
　「旅館にて日本の漂流人音吉なるものに遇えり。音吉は尾州蔦（知多）郡小野村の舟子にして、天保三年同舟十七人と漂流して、北亜米利加の西岸カリホルニーに着し、其後英に行き、英国の戸籍に属して上海に住し、新嘉坡の土人を娶り三子を生めり。近頃病に罹りて、摂生の為十日前本港に来り、偶ま日本使節の来るを聞き来訪せり。（略）」
　また、音吉のことを知る手がかりとなる本が紹介されている。三浦綾子『海嶺』、春名徹『にっぽん音吉漂流記』、柳蒼二郎『海商　異邦の人ジョン・M・オトソン』の3冊である。「シンガポール日本人会」のHPにある「よみもの」には音吉の墓が見つかって遺骨が愛知県美浜町に里帰りしたことも書かれている。
　一方、「音吉」について検索すると、音吉の出身地の愛知県知多半島にある美浜町公式ウェブサイトに「にっぽん音吉漂流の記」(http://www.town.mihama.aichi.jp/docs011130/index.html)というHPが作られていることがわかった。内容的にも、音吉の生涯が、「1．私たちの海／2．宝順丸の遭難／3．生き残った三人／4．マカオで聖書和訳に協力する／5．なつかしい日本

へ～モリソン号の失敗／6．日本漂流民を助けよう／7．知多の海から世界の海へ」という項目で書かれている。また、愛知県教育委員会が行うネットワークサービス「愛知県教育情報通信ネットワーク」（愛知エースネット http://www.aichi-c.ed.jp）では、音吉が社会科の教材の一例として紹介されている。

　ウィキペディアの「音吉」の関連事項にモリソン号事件などと並んで「ラナルド・マクドナルド」が紹介されている。「ラナルド・マクドナルド」で検索をすると、彼は、ハドソン湾会社社員のスコットランド人の父親とチヌック族の母親との間に生まれた混血児で、音吉をコロンビア州のフォート・ヴァンクーバーで見て、自分たちネイティブアメリカンの故郷は日本だと信じ、1848年に蝦夷地への密航を企て、その後長崎で日本人にネイティブの英語を教えた人物である。日本での最初の英語教師と紹介されており、その生徒の中にオランダ通詞の森山栄之助らがいた。マクドナルドに関しては、吉村昭『海の祭礼』やウィリアム・ルイス／村上直次郎編　宮田虎男改訂『マクドナルド「日本回想記」―インディアンの見た幕末日本―』という本があることがわかった。2013年には、今西佑子『ラナルド・マクドナルド　鎖国下の日本に密入国し、日本で最初の英語教師となったアメリカ人の物語』が出版されている。また、大阪経大論集　第55巻6号　第56巻1、2号に、フレデリック・ショット著『将軍の領土に乗り込んだアメリカインディアン』を中川操大阪経済大学名誉教授が翻訳しており、ネット上からダウンロードできる。

　一方、ペリーが来航した時、ペリーは日本語の通訳ができる宣教師ウィリアムズをともなっているが、彼が日本語を学んだのは、宣教師ギュツラフがマカオで聖書の日本語訳を行った際、ギュツラフのもとで日本語訳を手伝っていた音吉らからだった。ウィリアムズは、モリソン号にも博物学者として乗り込んでいた。

　モリソン号で音吉が日本に送り届けられるのは1837年である。この時には「異国船打払令」（1825年）が施行されている。しかし、アヘン戦争（1840～42年）で清が敗れると、日本は対外強硬策をやめて「薪水供与令」（1842年）に改める。ジョン万次郎が帰国するのは1851年だから、彼は幕府の政策が変わっ

ていたので帰れたのだ。幕府の対外政策を考える上でも、音吉は格好の教材となる。上記2つの条約は、中学校の社会の教科書でもその歴史的背景と共に書かれているので、中学社会科の教材として扱えそうだと考えた。

4．教材「漂流民とペリー来航」を開発する

　教材として使えそうな感触を得た段階で、次には本格的な教材研究に入った。遠山茂樹は「歴史教育は歴史学にもとづかなくてはならない」とした上で、「歴史学と歴史教育との結びつきを強めることを、具体的な教育実践の場で実現していくことが、民主教育を守り発展させる運動の核心だ」[3]と書いている。歴史教育者は常に歴史学の成果をリサーチし、歴史学にもとづいて歴史の授業をつくるべきだと肝に銘ずるべきだ。教材「漂流民とペリー来航」開発に向けて、私自身がどのような手順を踏んだかを紹介しよう。

4.1　ペリー来航の背景をどう捉えるか

　そもそもペリーはなぜ日本にやってきたのか。中学校の歴史教科書には次のように書かれていた。

　　「18世紀後半にイギリスから独立したアメリカは、メキシコからカリフォルニアを得て、太平洋側まで領土を広げると、清や日本との貿易を強く望むようになりました。また、灯油の原料となる鯨油を求めて、日本近海での捕鯨に力を入れており、水や食料などを補給するために日本の港を利用したいと考えていました。」（帝国書院『社会科　中学校の歴史』平成17年版）

　上記の教科書記述を検討する必要がある。世界史的視野から当時の世界と日本を見て、東アジアをめぐる国際情勢の中にペリー来航を位置づけている。アメリカはアメリカ・メキシコ戦争（1846-48年）でカリフォルニアとニューメキシコを手に入れ太平洋岸へ進出した。しかし、この戦争に備えてメキシコ湾艦隊を増強するため建造していた蒸気軍艦サスケハナ号（1850年就航）やポーハタン号（1852年就航）が完成する以前に戦争が終わったために、過剰装備を

批判する世論が高まっており、海軍は予算削減を迫られていた。

アメリカの捕鯨業はどうなっていたのか。1840年代はアメリカの太平洋における捕鯨業の最盛期である。加藤祐三『幕末外交と開国』にはその規模を以下のように書いている。

「1846年の統計によれば、アメリカの出漁捕鯨船数は延べで736隻、総トン数は23万トン、投下資本は7000万ドル、従業員数は7万人である。年間にマッコウクジラとセミクジラを合わせて1万4000頭を捕獲する乱獲時代を迎えた。日本近海で操業するアメリカ捕鯨船は約3百隻にのぼり、難破する捕鯨船も増えた。

捕鯨の主目的は、照明用のランプ油として使う鯨油の確保であった。欧米諸国で工場がフル操業するようになると需要が伸び、アメリカ国内はもとよりヨーロッパにも輸出された。(中略)

照明用の鯨油は、勃興しつつあったアメリカ産業革命と米欧貿易の生命線でもあった。捕鯨船員の生命と捕鯨業の財産とはアメリカ国民の生命財産であり、これが国外で危機に直面した場合、保護する任務が海軍に与えられていた。」[4]

アメリカは、ハワイを拠点に、太平洋一帯で盛んに捕鯨を行っており、太平洋はアメリカ経済にとって重要な位置を占めつつあったのだ。

一方、日本の「鎖国」も国際関係の中で対応を迫られる時期でもある。18世紀末のラックスマン来航以降ロシアの接近、フェートン号事件、英米捕鯨船の接近、アヘン戦争など日本を取り巻く東アジア情勢も緊張していた。外国船に対する幕府の対応も、東アジア情勢を反映して、異国船打払令(1825年)から薪水給与令(1842年)へと転換される。そして、1844年にはオランダ国王からの開国を勧告する親書が届く。幕府はあくまでも鎖国体制を守ろうとするが、世界情勢はそれを許すものではなかった。

開国を求めるアメリカの動きはペリーが最初ではない。1846年、アメリカ東インド艦隊司令長官ビッドルが、アメリカと清との間で結ばれた望厦条約の批准書の交換を終えて、その帰途、政府の命令により、日本が外国と貿易をする

第4章　ドラマのある歴史の授業をつくりたい　103

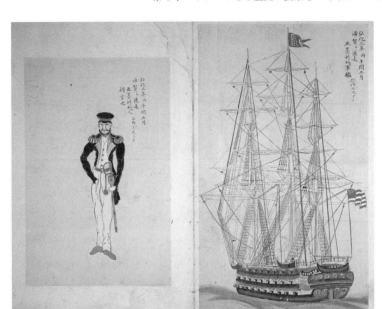

図4-1　『弘化三年五月浦賀江渡来亜墨利加軍艦と乗組員之圖』
（京都外国語大学付属図書館所蔵）

ために港を開いているかを確かめるために浦賀に入港した。この時、浦賀奉行所から貿易のために開港する用意がないことを知らされ、当初の目的を達成して退去している。この際ビッドルが率いていたのは、コロンバス号（2,480トン）とビンセンス号（700トン）の2隻でともに帆走軍艦である。アメリカ政府の公式使節ビッドルの来港は、ほとんどの高校教科書には書かれている。

　ビッドル来航と同じ年、フランスのインドシナ艦隊司令官セシルが琉球に現れて通信・通商を求め、拒否されると長崎に来航している。浦賀でビッドルとの対応の最中であり、欧米諸国の来航を想定した対策が急務となる。それから7年後、ペリー来航を迎えることになるのである。

　第1回航海で来航したペリー艦隊は、汽走軍艦サスケハナ（2450トン）とミシシッピー（1692トン）と帆走軍艦プリマス（980トン）とサラトガ（882トン）である。翌年来航した時には汽走軍艦のポーハタン（2415トン）と数隻の

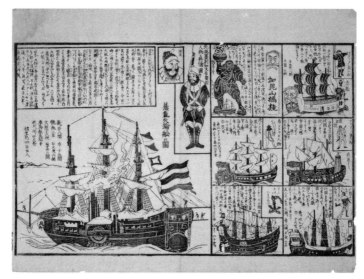

図4-2　蒸気火輪船の図〔瓦版〕嘉永7年（横浜開港資料館所蔵）

帆船が加わり計9隻の陣容となる。世界最大級の軍艦を率いて来たことには理由があった。アメリカ憲法では軍の指揮権は大統領にあるが、宣戦布告の権限は議会にある。従って、ペリーの派遣では戦争になることを避けなければならなかった。そこで、大統領は発砲厳禁の命令を出していた。その命令を受けて、ペリーは強大な軍事力を幕府に見せて圧力をかけ、平和裡に開国を認めさせる必要があったのだ。では、ペリーが開国を求める主目的はなんだったのか。

　ペリーの来航は1852年4月7日付の「阿蘭陀別段風説書」でオランダ商館長クルチウスから幕府に知らされていた。この別段風説書にはアメリカ政府が日本との通商を望んでおり、その目的が①日本人漂流民の送還、②交易のため日本の2、3の港の開港、③石炭貯蔵場の確保、の3点であることが書かれていた。この情報は老中以下幕府首脳や主要な大名から奉行クラスまで知らされていたから、一定の対応は考えられていた。だから、ペリーを長崎に回航させるのではなく、来航6日目には久美浜でフィルモアの国書を受け取っている。

フィルモアの国書には、交易、日本近海でのアメリカ人遭難者の保護、石炭と必需品の供給が要求されていたから、「別段風説書」で予想されていたことと大差ない。

三谷博『ペリー来航』は、アメリカの日本開国の動機についての従来の研究を整理して、次のように書いている。

「アメリカの日本開国の動機については、これまで様々な解釈が行われてきた。中国市場を目当てとした太平洋横断航路のための寄港地を確保することとか、日本沿岸で難破した捕鯨船員の扱いを改善するためとか、日本自体との通商とかである。最後の解釈はアメリカ大統領の国書が要求の第一番目に通商をあげたためと思われるが、今までの研究はすべてこれを主目的とする見解を避けてきた。そして、例えば、石井孝は太平洋横断航路、加藤祐三は難破船員の外交的保護を、これに代わる主目的と解したのである[5]。」

三谷が整理している石井孝と加藤祐三の著書に当たってみる必要がある。石井孝『日本開国史』は、太平洋横断汽船航路の開設によって中国市場をイギリスから奪うという世界資本主義的要因を主要な動機として論じている。要旨は以下の通り。

19世紀前半産業革命が進行した米国は、綿織物工業を中心に生産量を伸ばし、1840年代中国が米国の綿織物製品の重要な市場となった。しかし、1844年における英米両国の対中国貿易は、英国の1800万ドルの大幅な黒字に対して、米国は536万ドルを超す赤字である。

英国の中国への第一の輸出品である原綿の大部分が、英領インド産であり、中国の庶民が着る下等織物の原料として使用されているが、米国綿に比べ質が悪く、米国製品の方が耐久性があり中国で好まれる。中国は3億の市場であり、英国に対抗して米国製品を売り込むためには、西海岸から太平洋を横断して上海・広東に至る太平洋横断航路の開設が必要と考えられた。

当時の汽船のエンジンは低圧の短気筒式で、石炭を大量に消費するので、中途に石炭を補給する寄港地が必要となる。そのため日本列島がマークされたのである。中国市場で英国の綿製品と対抗して優位を獲得できる最終的条件とし

ての輸送問題は、日本の開国によって初めて解決される。次に、アメリカ捕鯨業の発展と漂流民の保護があげられる[6]。

　加藤祐三の著作については『黒船前後の世界─ペリーの挑戦』に当たった。併せて、『幕末外交と開国』を参考にした。加藤は、ペリー派遣の背景についての石井の研究を次のように批判している。

　第一に、中国市場への進出という視点に関して。当時の米中貿易の基本は中国茶の輸入にあり、アメリカから中国へ輸出する綿布が茶の輸入額と同額になるまでには至らない。アメリカ綿布は中国まで輸出されるのは全生産量の約30％で、中国に運ばなくてもブラジルやチリなど中南米市場で安定して売れている。

　第二は、アメリカ捕鯨業の状況についての視点に関してである。1840年代アメリカの捕鯨業が発展したと言っても、太平洋行きに出る捕鯨船は全体の１％程度にすぎず、捕鯨業者が日本開国のために使節を派遣するよう行政府を動かす力はない。行政府としてはこの動機だけで政策を決定しえない。外の何らかの説得的な大義名分が必要である[7]。

　そこで登場したのが第三の外交法権（外交的保護権）という概念である。法律の違う外国でアメリカ人が逮捕・抑留されたとき、「自国民を保護すること」である。当時アメリカは外交網を世界に広く巡らせてはおらず、在外公館の多くが商人領事（貿易商が領事を兼務）であった。まして、日本とは外交関係がない上に、太平洋横断は技術的に困難である。このような状況では、外交法権を担いうるのは海軍しかないということになる。もし外交官を派遣して日本との交渉に当たろうとすると、大統領は議会の承認を得なければならない。当時の大統領フィルモアは前任タイラーの死後副大統領から就任したため大統領選挙を経ていない上に、彼の属するホイッグ党は議会において少数派（議会多数派は民主党）であった。そこで大統領権限でできる海軍派遣が好都合ということになる。一方、メキシコ戦争が終わった後、戦争に備えて建造していた汽走軍艦を東インド艦隊に配置し、太平洋航路開拓を進めることで、海軍予算を維持しようとする海軍と利害が一致した。こうして、日本に捕らわれている

捕鯨船員の保護という大義名分が成立することになる[(8)]。

海軍による漂着捕鯨船員の引き渡しの例として、1849年に東インド艦隊司令官デビッド・ゲイシンガーの命令で長崎にやってきたプレブル号（艦長ジェームズ・グリン）があげられる。前年にアメリカ捕鯨船ラゴダ号が松前付近で座礁、15人乗組員が西蝦夷地に上陸して捕らえられ、後に長崎に送られて入牢されていることがオランダを通じて知らされたため、自国民を救出・保護するために派遣されたものであった。このとき、ラゴダ号乗組員以外に、長崎に収容されていたラナルド・マクドナルドも引き取られた。帰国したグリンは、大統領に毎回救出に経費をかけるよりも、条約を結ぶことの方が得策だとの報告をしている。

ペリーが開国を求める主目的は通商ではなかったことは、日米和親条約交渉の中で重要な要素となる。

4.2 音吉を教材化する

1853年7月8日（嘉永6年6月3日）浦賀沖に現れたペリー艦隊に向かって、浦賀奉行所与力中村三郎助の乗っていた番船からオランダ通詞堀達之助が叫んだ言葉は"I can speak Dutch"であった。ネットの情報を読んだときは堀に英語を教えたのはラナルド・マクドナルドだと考えていた。一方、サスケハナ号には日本語が話せる通訳ウィリアムズが乗っていた。鎖国下の日本で英語を話す通訳がいて、アメリカ側には日本語が話せる通訳がいる。「その時」を演出するキーパーソンが音吉という漂流民であるという事実は、小学生にも中高生にも、とても興味を引く教材になると考えた。

シンガポール日本人会のホームページに紹介されて文献で音吉のことを調べることにした。三浦綾子『海嶺』上中下巻（角川文庫）はすぐ入手できた。しかし、参考にはなるが、小説だからそこに書かれていることが歴史的事実であるという保証はない。『海嶺』を読んでみると、作者が参考にした主要な文献は春名徹『にっぽん音吉漂流記』であることがわかった。作品中に載っている音吉の遍歴図は『にっぽん音吉漂流記』のものを転載している。『にっぽん音

吉漂流記』は絶版だが、多くの図書館に入っているので、借りて読むことが比較的容易である。もう一方の柳蒼二郎『海商　異邦の人ジョン・M・オトソン』も小説である。この作品は、モリソン号事件以後の音吉を扱っていてとても面白いが、『にっぽん音吉漂流記』の記述から見ると、ドラマティックに音吉を描き出すために、フィクション部分が多いように感じた。この作品については、授業に使うことは難しいと判断した。

　参考文献を探している過程で、保永貞夫『七人の日本人漂流民』（小峰書店1971年）が出版されていることがわかった。古い本だが、図書館で借りだしてみると、少年少女ノンフィクション（小学上級―中学生向）として出版されたもので、モリソン号事件で登場する日本人7人の話であることがわかった。小学校や中学校の図書室に収められている可能性がある。

　モリソン号事件についての研究は戦前から戦後にかけて行われている。文献を検索していくと、田保橋潔「モリソン号来航及撃攘に就いて」（『史学雑誌』第33編第1号、大正11年1月）、相良良一『天保八年　米船モリソン号渡来の

図4-3　モリソン号

研究』（野人社、昭和29年）、大月明「モリソン号をめぐって」（『人文研究』5、1954年 http://dlisv03.media.osaka-cu.ac.jp/infolib/user_contents/kiyo/DBd0051005.pdf で読むことができる）があることがわかった。また、音吉については、宮永孝「"オットソン"と呼ばれた日本漂流民」（『社会志林51-1』2004年 http://repo.lib.hosei.ac.jp/bitstream/10114/6177/1/51-1 miyanaga.pdf）がネット上で読むことができる。

　音吉を教材化するに当たっては『海嶺』と『にっぽん音吉漂流記』を主に使うことにした。それによると、モリソン号に乗っていた日本人漂流民は、尾張の船乗り音吉（当時の年齢19歳）、久吉（20）、岩吉（33）と九州の庄蔵（28）、寿三郎（25）、力松（16）、熊太郎（28）の7人である。音吉、久吉、岩吉は、1832年11月（天保3年10月）尾張藩の回米を積んだ宝順丸で鳥羽から江戸に向かう途中で遭難で14ヶ月漂流して北アメリカに漂着し、ネイティブアメリカンの奴隷となっていたが、イギリスハドソン湾会社に救出され、ロンドン経由で中国マカオに1835年12月に到着する。そこで、イギリス貿易監督庁の中国語通訳を務めてたカール・ギュツラフに預けられ、彼のもとで聖書の日本語訳に協力する。一方、九州の庄蔵、寿三郎、力松、熊太郎は、サツマイモを積んで天草から肥後に戻る途中暴風にあって漂流し、ルソン島に漂着した。その後、マニラを経てマカオに送られ、1837年3月にギュツラフの家にたどり着いた。

　ギュツラフは、ドイツ人宣教師で現存する最古の日本語訳聖書『約翰（ヨハネ）福音之伝』を翻訳した人物である。彼は、音吉ら漂流日本人から日本語を学び、漂流日本人とアメリカ人のサミュエル・ウェルズ・ウィリアムズ宣教師らの協力を得て、ヨハネの福音書を日本語訳した。それは「ハジマリニ　カシコイモノゴザル、コノカシコイモノ　ゴクラクトトモニゴザル……」と、いわゆる「ござる文体」で書かれたものである。

　1836年11月、マカオに中国貿易を行うアメリカ人商人チャールズ・ウィリアム・キングが現れる。キングは、イギリス貿易監督庁長官エリオットの協力を得て、日本との通商交渉をするためにオリファント商会所属のモリソン号で7人の漂流民を日本へ送り届けることにする。当時の商船は大砲を積んでいるの

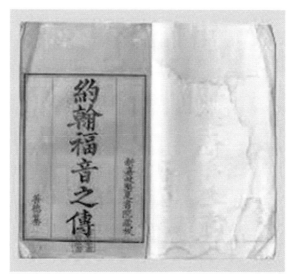

図 4-4　ギュツラフ訳約翰福音之傳
(http://www.bible.or.jp/contents/library/lib03_27.html)

が一般的だが、キングは、日本の警戒心を解くため大砲を取り除いて1837年 7月 3日にマカオを出港した。モリソン号には、キングの外その夫人と女中 1人、7人の日本人、植物学者としてサミュエル・ウェルズ・ウィリアムズ、医師パーカーが乗り込み、那覇でイギリス船ローリー号で到着したギュツラフが通訳として合流し、7月16日那覇を出港した。

　江戸湾の西側にある三浦半島の御崎の南方に就いたのが 7月30日の朝である。正午頃から砲撃を受けるが、野比村の沖合に停泊すると200人ほどの日本人が船に近づき乗船した。通訳はギュツラフがつとめ、漂流民は身を隠していた。翌31日は夜明けとともに砲撃が始まり、一弾が船の前方部に当たった。同日モリソン号は江戸湾をあとにして紀伊の潮岬に向かうが風向きが悪く、接岸をあきらめ次の目的地を薩摩と決めた。8月10日鹿児島湾に入り、船の士官や水夫とともに庄蔵と寿三郎を乗せたボートが佐多浦付近に上陸した。ここで日本人 2人が住民にモリソン号接近の事情を説明し、役人にキングが準備した書

類（江戸の将軍に向けの4通と、8月1日に書いた薩摩藩主宛の仲介を依頼する手紙1通）を渡した。この時、庄蔵は遭難当時の積荷目録を持っており、それとともに委細を告げたため、事情を把握した役人たちは7人の名前、年齢、出身地などを書き取って帰った。

　薩摩藩の役人の対応は期待を抱かせたが、12日に砲撃を受け、13日には退去を余儀なくされた。キングは7人の日本人に長崎港へ行ってもう一回受け入れを要請すると提案するが、中国に送り返してほしいと7人に懇願され、8月29日マカオに戻ることにした。それまで7人の生活費は、音吉ら3人についてはイギリス貿易監督庁が、庄蔵ら4人はアメリカ側が負担していたが、それが絶たれ、自立の道を歩むことになった。7人の消息についてははっきりしないが、久吉と岩吉は、ギュツラフのもとで生活をし、後にイギリス貿易監督庁の通訳をして給与を受けたという記録がある。音吉については、後年、何年も商船や軍艦に乗り組んだ経験があると語っていることから、記録に残る1838年4月にローマン号でアメリカに渡ったとされる日本人は音吉だろうと春名は推測している。一方、庄蔵らのグループのうち庄蔵など3名がウィリアムズのもとで「創世記」「マタイによる福音書」などの日本語訳を手伝ったと思われる。

　音吉はふたたびマカオに戻って十数年暮らした後、1848年頃に上海に移り、イギリスのデント商会に雇われている。そして、1849年イギリス軍艦マリナー号が測量のため浦賀・下田に来航した際、音吉が通訳として登場する。この

図4-5　**嘉永2年に中国人・林阿多と名のって日本へ来た音吉**（塩田恭順庵編纂「海防彙議補」国立公文書館蔵）

時、音吉は「林阿多（リンアトゥ）」と名乗っていた。浦賀奉行所の役人がマリナー号を訪れたとき、40歳ぐらいの「林阿多」という名のイギリス服を着た中国人が通訳として対応に出てきた。役人が生国を問うと上海と答えた。日本語がうまいのでどこで学んだかを尋ねると、長崎へ14、5度ほど訪れたことがある父親から習ったと言った。役人は、その林阿多の人相をスケッチしている。

2度目に登場するのは、1854年9月8日、イギリス東インド艦隊司令長官ジェームズ・スターリングがクリミア戦争で交戦中のロシア艦隊を探索中、幕府に「戦時における中立」を求めて長崎に入港した際、通訳として来日したときである。この時、音吉は、出自、漂流の顛末、中国における暮らしぶり、家族などについて語り、幕府の役人が帰国することを勧めると、故国を捨て中国に帰る決心をし、「日本にはふたたび帰らぬとさだめ、我共そのかわり唐土にて、日本人流れ候へば我共より尋ねいだしおくることに相きめ候」（庄蔵書簡）と語ったという[9]。

その後、音吉は上海を拠点に成功を収め、1861年太平天国の乱の危険を避けて妻の郷里であるシンガポールに移る。幕府遣欧使節が1862年1月にシンガポールに上陸した際、音吉がホテルを訪ねた記録が残されている（「遣欧使節航海日録」）。前に触れた福沢諭吉の「西航記」はこの時の記録である。また、それから2ヶ月後、遣欧使節団を追ってオールコックとともにシンガポールを訪れた調役淵辺徳蔵と森山栄之助も音吉にあっている。旧知のオールコックを音吉が訪ねた際、偶然に同行していた2人に出会ったのだ。

以上がキーパーソン音吉の波瀾万丈の生涯であるが、漂流の開始からモリソン号事件までの生涯を中心に短くまとめて、「＜日本の開国を支えた人々1＞にっぽん音吉漂流記（音吉・久吉・岩吉の漂流記）」として教材化した。（128～129頁参照）

4.3 ラナルド・マクドナルドを教材化する

ラナルド・マクドナルドは、1848年鎖国下の日本に密入国し、長崎のオラン

ダ通詞にネイティブの英語を教え、日本最初の英語教師と言われる。前記の吉村昭『海の祭礼』は、『海嶺』同様小説であるから、フィクションと事実とのより分けが必要である。ただ、マクドナルドの日本への密航から長崎通詞に英語を教えプレブル号で日本を離れるまでの生涯については興味深く読むことができる。今西の『ラナルド・マクドナルド』は、『マクドナルド「日本回想記」再訂版』などを種本に書かれているので、マクドナルドの生涯を知るのであれば『海の祭礼』の方がいいし、教材研究として読むのであれば『マクドナルド「日本回想記」再訂版』である。

　『マクドナルド「日本回想記」再訂版』に関しても、マクドナルドが日本から帰った後に残したノートを編集したもので、マクドナルドが直接書いたものではない。私の関心は、ペリーに向かって"I can speak Dutch"と呼びかけた堀達之助に英語を教えているかを確かめることである。読み進めていくと、マクドナルドと音吉の接点に関して、音吉についての教材研究段階では事実誤認をしていたことがわかった。『海嶺』を読んだとき、マクドナルドが日本へ強く惹かれたのは、幼いときに漂流してアメリカに着いた音吉ら3人の日本人に出会って、インディアンの起源を日本だと信じて、日本への冒険に出たと考えていたのだが、『マクドナルド「日本回想記」再訂版』の解説を書いている富田氏は、音吉らが救出されてフォート・ヴァンクーバーに連れてこられたときには、マクドナルドは学校の寄宿舎に入るためにその地を離れている、と指摘している。ただし、マクドナルドは、直接会ってはいないが「当時その地方にいたので知っていた」と述べている、と書いている[10]。

　次に、マクドナルドの生徒である14人のオランダ通詞の中に、堀達之助は発見できなかった。堀達之助の子孫である堀孝彦の著作『開国と英和辞典』で、マクドナルドが長崎で英語を教えた時期に堀達之助は浦賀詰めで長崎にはいなかったこと、マクドナルドの記憶にある生徒の一人堀寿次郎が堀達之助とは別人であることを明らかにしている。達之助は、マクドナルドが長崎にいた時期には、浦賀で『大砲使用説』の翻訳に従事していた[11]。そうすると、堀達之助は独学で英語を学んだことになる。

マクドナルドのお話は、「＜日本の開国を支えた人々２＞鎖国日本を訪れたインディアン：マクドナルド」として教材化した。(134〜135頁参照)

4.4　幕府の外国語対応を教材化する

　幕府の外国語対策はどうなっていたのか。1792年ラックスマンが来航したときの交渉言語はロシア語と日本語であったと考えられる。ラックスマンは、通商交渉をするために、大黒屋光太夫を送り届けにきたのだから、10年間ロシアで生活した光太夫が通訳の役割を果たすことができたはずだ。しかし、幕府は、ロシアによる通商交渉を受けて、ロシア語の研究も始めている。レザノフが長崎にきたときにその通訳を担当した馬場為八郎は、この時の経験を買われて、蝦夷地御用として箱舘へ出張している。為八郎の後、長崎の通詞達は交代で箱舘の奉行所に詰めることになった。

　為八郎の弟佐十郎は、語学の天才といわれ、オランダ語はもちろん、英語、フランス語、ロシア語もできた。佐十郎は、江戸で天文台方通詞となりオランダの学問書の翻訳にあたる一方、箱舘へ行って、当時捕えられていたゴロウニン(1811年ロシア軍人ゴロウニンが国後島測量中に捕らえられ箱舘に監禁され、1813年にロシア側に捕らえられた高田屋嘉兵衛と交換された)からロシア語を学び、辞書を作った。ゴロウニンは、松前の牢獄に収容されている間、日本人にロシア語を教え、ロシア語の教材も作成した。彼のもとでロシア語を学んだのは村上貞助、上原熊次郎、

図4-6　ゴロウニン(『函館市史』)

馬場佐十郎、足立佐内である。ゴロウニンと高田屋嘉兵衛の交換交渉では、このゴロウニンの弟子たちが通訳を務めた。一方、ロシア側には、1794年にアリューシャン列島に漂着した若宮丸漂流民の善六（ロシアに帰化しキレリョフ善六と名乗る）が加わっていた[(12)]。

　1808年、オランダ国旗をかかげて偽装したイギリス軍艦フェートン号が長崎港に侵入、出迎えたオランダ商館員2人を人質にして長崎港内を探索、水や食料を要求するというフェートン事件が起こった。この事件の直後、長崎では、幕府の命令でオランダ通詞がオランダ商館長のヘンドリック・ドゥーフ（1777～1835）についてフランス語の勉強を始める。ついで、1809年2月にオランダ大通詞見習の本木庄左衛門以下6名に、8月には小通詞中山得十郎以下6名に、そして10月にはすべての通詞達に英語の学習を命じた。教師は、軍人としてイギリスに駐在したことのあるオランダ人で、オランダ商館の次席ヤン・コック・ブロンホフ（1779～1853）であった。この通詞達は記録に残る最初の英語学習者であったが、書かれた英語はどうにか理解できても実用的な会話となると、ほとんど役に立たなかったようだ。イギリスの捕鯨船や商船が2度にわたって（1822、1827）日本に入港してきても、オランダ語のわかる乗組員とオランダ語でやりとりを交していた。

　さて、ペリー来航時日本側の通訳として重要な役割を果たす人物として堀達之助、森山栄之助らオランダ通詞があげられる。ともにオランダ語や英語を駆使して条約交渉に当たった。オランダ通詞に関する本は、木村直樹『〈通訳〉たちの幕末維新』がある。堀や森山を含めてオランダ通詞がどのような組織で、どう養成されてきたかがわかる。私は、この本を読むまで、オランダ通詞や唐通詞が武士ではなく、地役人であることを知らなかった。

　ペリー艦隊に"I can speak Dutch"と叫ぶ堀達之助に関しては、子孫に当たる堀孝彦による幾つかの論考があるが、『開国と英和辞典―評伝・堀達之助』が最近の著作である。森山栄之助に関しては、江越弘人『幕末の外交官森山栄之助』がある。森山個人の評伝としてはこの本が唯一であろう。

　ペリー来航時の外交交渉で使われた言語について書かれているのは、清水康

行『黒船来航　日本語が動く』である。これを読んで意外なことがわかった。ペリーとの最初の交流言語は英語（"I can speak Dutch"）だと思っていたのだが、『ペルリ提督日本遠征記』にはサスケハナ号に近づいた小舟からフランス語で書かれた巻物が示されたという。そこには「貴艦は退去すべし、危険を冒してここに停泊すべからず」という趣旨の内容が書かれていた。それは「日米両者の間での最初の言語的交流は、意外にも、フランス語で書かれた文書で行なわれている。幕府側は、フランス語が当時の西洋社会での外交関係における第一の公用語であることを承知し、それで書かれた退去命令書をかねてから用意していた。(p.5)」という事実である。鎖国体制のもとでも、欧米諸国の情報をつかんでいることがわかる一例である。

　1回目のペリー来航時、通訳に当たるのは堀達之助と立石得十郎である。この2人とも、マクドナルドの生徒ではない。達之助は、オランダ語に関しては西吉兵衛に8、9年修業したが、英語については「誰かに入門して学習したことはなく、職業の余暇に英語の文法書や辞書を使って少し読み覚えた程度だった」と語っている。英語が必要になるという認識はオランダ通詞の間で共通認識になっていたのだろう。実際に、達之助は、ビッドル来航時に英語関係資料（日本人初の英文和訳か？）を残していることから、実際の応接を通じて英語力を身につけていったと考えられる。ペリー来航時通訳をつとめた達之助について、交渉を終えて艦を降りる達之助が、その場で覚えた英語の単語を組み合わせて、"Want to go home"と話せるほどになっていたというエピソードが『ペルリ提督日本遠征記』に書かれている。

　堀の交渉力をうかがわせる記録がある。サスケハナ号に近づいた奉行所の船とペリー側とで交渉が行われる。ペリー側が、ペリーと同格の高官としか協議しないとの立場を取り、浦賀の最高位の役人とのみ協議をする通告したことに対し、即座に応答して、「浦賀の副奉行が同船している」と自分のかたわらにいる奉行所与力の中島三郎助を指し、乗船を可能にしている。その結果、オランダ語による交渉が行われることになったのだ。

　堀はその後、1855年ドイツ人商人のリュードルフ事件に関わって捕えられ、

4年間伝馬町の牢に拘禁された。有能な堀が欠けて、下田奉行所では英語力のある通訳が不足する事態となっている。幕府の人材不足を解消するため、度々堀を出牢させる嘆願が行われていたが、1859年に蕃書調所翻訳方として出仕することになり、1862年には『英和対訳袖珍辞書』が洋書調所から刊行されている。これが日本初の本格的刊本英和辞書である。

一方、森山栄之助については、1845年にアメリカの捕鯨船マンハッタン号が日本人漂流民22人を乗せて浦賀に入港した際、役人の中に少しだが英語を話す者がいたという記録がアメリカ側に残っている。この時、浦賀奉行所で対応に当たった通訳が森山栄之助だったのだが、森山は、簡単な辞書「諳厄利亜語林大成」（注：1814年本木庄左衛門が中心になって編纂した日本初の英和辞典）を頼りに通訳を行った。その後、森山は、マクドナルドからネイティブの英語を学び、英語力を磨いて、ペリー再来航時、主席通訳官となる。

ペリー艦隊に同行したウィリアムズは栄之助の語学力を次のように記録している。

「新たな、しかも上位の通訳が（与力・中島）三郎助と訪れた。名を森山栄之助といい、最近、長崎から急遽25日間で帰って来たとの話である。ほかの通訳がいらなくなるほど英語が達者で、お蔭でわれわれの交渉は大助かりだ。森山はプレブル号の船長や乗組員の安否を尋ね、ロナルド・マクドナルドは元気だろうか、ほかに彼のことをご存知ないかと質問した。」（『ペリー日本遠征随行記』p.196）

しかし、栄之助は交渉の現場を取り仕切り、

図4-7　堀達之助（堀孝彦『開国と英和辞典』港の人より）

条約案文の作成過程で主導的な役割を果たすようになる。単なる通訳としての役割を超えて、交渉を主導している印象を周りに与えたようだ。

「栄之助が現われて、この点は合意している、これは変更された、この件は受け入れていない、とやたらに異議をはさんだ。(平山)謙一郎そのほか同行者はほとんど発言しないので、条約の処埋はすべて栄之助の手に委譲されているのかと想像された。栄之助はこの協議に決定権を任されているようにみえ、そして、それ相当にその任に適してもいた。」(『ペリー日本遠征随行記』p.250)

このような栄之助の対応は、幾つかの誤訳を生むこととなった。日米和親条約の下田附属条約(神奈川条約付録)を結ぶ際、午前中日米が金銀交換比率の問題でまとまらず決裂をしたとき、午後になって栄之助との間で補足規定が合意されている。このとき、栄之助はすべての公式文書に漢文を使わせない頑固な態度を取った。このことが、彼の翻訳をチェックできないことにつながった。この金銀交換比率の問題は、当時日本では金と銀の交換レートが1対5であったものが、世界では1：15であったため、後に西洋人が銀を持ち込んで金に交換して持ち去るということが起こり、開国以降大量の金が流出する事態を招くことになる。

また、条約に決められた領事駐在問題も同様の誤訳を生むことになった。領事の条項は、条約の第11条にあるが、日本側文書には「両国政府がやむを得ないと判断した場合に下田に領事を置くことができる」としていたのに対し、アメリカ側文書には「両国政府のどちらか一方」となっている。条約文の突き合わせを仕切っていた栄之助の力不足を露呈したものと言えよう。ただ、日米和親条約には「正文」を決めていないという根本的な対応の未熟さがあった訳で、一人栄之助の誤訳が責められるものではないであろう[13]。

堀達之助と森山栄之助のお話は、「＜日本の開国を支えた人々3＞語学力で激動の時代を生き抜いたオランダ通詞」として教材化した。(136～137頁参照)

4.5 S・ウェルズ・ウィリアムズを教材化する

　S・ウェルズ・ウィリアムズは、ペリーに請われ中国語通訳兼顧問として一行に加わった人物である。音吉らとギュツラフによる聖書の日本語訳事業に協力し、モリソン号には植物学者として乗り込んでいた。ウィリアムズについての本は、なんと言っても、洞富雄訳『ペリー日本遠征随行記』(雄松堂書店1972年)を読まなくてはならない。1853年と54年のペリー遠征に同行し、そのときの個人的な記録を残している。ウィリアムズの生涯の業績を知るためには、彼の死後、たくさん残された原稿や書簡などを整理して息子のフレデリック・ウェルズ・ウィリアムズが著した『清末・幕末に於けるS・ウェルズ・ウィリアムズ生涯と書簡』がある。ネット上では、上記の書籍を翻訳した宮澤眞一の論文「S・ウェルズ・ウィリアムズの伝記及び書簡体日記に関する一考察」(『埼玉女子短期大学研究紀要』第19号2008年 pp.129-161) を読むことができる。また、衛三畏生誕200周年北京外国語大学シンポジウム報告として、矢吹晋「ペリー遠征に於ける通訳ウィリアムズの役割」(注：衛三畏はウィリアムズの中国名、シンポジウムは2012年に行われた)がネット上に掲載されている。

　『清末・幕末に於けるS・ウェルズ・ウィリアムズ生涯と書簡』には、次のようなウィリアムズの紹介がある。

　「1812年9月22日にニューヨーク州ユーティカに生まれ、1832年7月に米国海外伝道協会による広州伝教団の伝道印刷工として正式に任命された。1833年6月ウィリアムズは中国へ出発、10月に広州に着き、その後、40年間にわたる長い中国の暮らしが始まった。最初の20年、彼の主な仕事は雑誌「中国叢報」の編集と印刷であった。1853年と1854年、彼は

図4-8　ウィリアムズ肖像

通訳としてペリー艦隊と共に日本遠征を果たした。1858年、ウィリアムズは伝道協会を脱退し、米国在中国大使館に勤め始めた。1858年米公使と共に、天津で「中米天津条約」を成立させた。1862年ウィリアムズは家族と北京に移住、1856年から1876年までの20年間、彼は7回も米国代理公使の職に就いた。1877年彼は職を辞め、アメリカに帰国。エール大学で初めての中国語と中国文学教授になり、1884年2月16日にニューヘイブンで死去。」

ペリーは、第1回日本遠征に際して、日本語通訳が必須と考えて、ウィリアムズに白羽の矢を立てた。矢吹は先のシンポジウム報告で次のように書いている。

「ペリーが日本との交渉においてウィリアムズを選んだのは、若い宣教師S・W・ウィリアムズによる、モリソン号が砲撃を受けた一部始終の連載物語（1837年9～12月号）を『中国叢報』で読み、彼が日本語や日本事情についても研究意欲を燃やしていたことを知ってのことだ。」（報告 p.6）

ウィリアムズは、1830年代から約20年間中国に滞在し、モリソン号に搭乗して日本に行った経験がある。また、当時は聖書マタイ伝の日本語訳（「馬太福音伝」）もしていた。ペリーが日本に行く前に周到な準備をしていたことがわかる。そして、これ以上の人物はいないと考えて日本に向かう途中、広東の彼の許を尋ね、通訳官として同行してくれるように要請した。ところがウィリアムズは次のように答えている。

「これまで無学文盲の日本人の船乗りを相手に話し合っただけで、特に日本語の勉強をしたことがなく、そのうえこの半端な勉強相手とも9年ばかり接触がとぎれ、この間は誰ともしゃべる機会がなかった。だから、私の能力にあまり期待をかけないでほしい。」（『ペリー日本遠征随行記』p.20）

ペリーは途方に暮れるが、ウィリアムズが中国語なら自信があるというので、中国語の通訳として同行を依頼することになる。しかし、漢文を書くことには自信がないとのことで、第1回目は謝、第2回目は羅森という中国人を同行させている。

しかし、ウィリアムズの日本語会話力はかなりのものであったと考えられて

いる。ペリー艦隊に忍び込みアメリカへの密航を願い出てウィリアムズと直接言葉を交わした吉田松陰は、ウィリアムズの会話力について、「誠に早口にて一言も誤らず」と評していることからも、相当の会話力を持っていたことが推察される。また、矢吹は先の引用部分に続けて、彼の日本語力の高さを次のように書いている。

「ウィリアムズは漂流民から日本語を学び、それらの漂流民にキリスト教を教えるために、マタイ伝の翻訳を試み、日本語語彙表の編纂も試みていたのである。ウィリアムズによるマタイ伝の日本語訳は、文語調を志向していた。すでに先例として存在していた、初めてのギュツラフ訳が口語体を選んだのとは異なり、ここにも彼の知的好奇心が光る。」(p.6)

矢吹は、朝河貫一の業績に触れて、ウィリアムズの調整役としての役割の大きさを次のように書いている。

(幕府にフィルモア国書の受領を決断させるために)「通商を欲しない幕府の国法」を表向き尊重しつつ、「漂流民の人権を国法の上におく」キリスト教の価値観をもって、与力香山に迫るのがウィリアムズの説得術なのであった。すでに中国語と中国人の発想を相当に学び、「似ていながら異なる日本語と日本人」についても、一定の認識をもつウィリアムズらしい発想にほかならない。」(pp.10-11)

ペリーは、日本語の通訳者以上に重要な顧問(調整役)を得たことになる。後に、彼が米国在中国大使館に勤め、天津条約を成立させる業績を予感させる外交力を感じる。

ペリーは、日本との交渉言語をどう考えていたのか。ペリーは出国前に英語案を放棄する。次に、長崎に多数のオランダ通詞をおいていることを前提にオランダ語案を検討する。そこで、オランダ語に対応するため、上海でポートマンを雇用している。しかし、オランダ語での交渉ということになると、従来の日蘭関係の中にアメリカを位置づけることになると考え、オランダ語は避けるべきだと考えた。ペリーは日本語案を第一に考えてウィリアムズに的を絞ったが、ウィリアムズが日本語通訳を断ることで、漢文案が確定することになっ

た。

　一方、幕府側も通訳問題を検討している。当初1851年に帰国し幕府に抱えられていたジョン万次郎を候補とするが、日本語能力に問題があるとして却下した。検討の結果、アメリカはオランダ語での交渉を選択する確率が高いと判断し、幕府の天文台方および浦賀奉行所のオランダ通詞を増やすことにする。幕府側では漢文案は意外であったようだが、漢文に関しては、武士の教養でもあり、幕府の昌平坂学問所に日本の英知が集まっているわけで、対応は万全ということになった[14]。

　ウィリアムズのお話は、「＜日本の開国を支えた人々4＞音吉らから日本語を学んだアメリカ人」として教材化した。(139～140頁参照)

4.6　幕府の交渉力を検討する

　オランダ国王からの開国を勧告する書簡を受け取った頃からアメリカ船の来航が続く。幕府は、当時の国際政治を正確に把握しており、世界の覇権を持ち植民地獲得に突き進んできたイギリスに対し、アメリカはそれに対抗する「新興国」と捉えている。イギリスよりも「新興国」であるアメリカの方が友好的であると捉えていた。

　また、国際法の論理もほぼ正確に理解していた。幕末・維新期に「万国公法」としてもたらされており、海が公海と領海、内水の3つに分けられ、領海が砲弾の届く範囲である3海里と定められているので、湾口が6海里(約11.1km)であれば内水であり、江戸湾の湾口が幅4海里ほどであるので内水であるため、ペリー艦隊が江戸湾内に測量船を侵入させたことは領海侵犯であると抗議している[15]。

　強力な軍事力を背景に開国・通商を迫るアメリカに対し、軍事的に対抗することができない幕府のしなやかな外交力を、ペリーとの間で行われた条約交渉に見ることができる。モリソン号事件を引き合いに出して漂流民の保護をしない日本の不仁を非難し、武力攻撃をにおわせるペリーの砲艦外交に対し、幕府の応接掛筆頭林大学頭は冷静に対応している。日本は人命を重んじる国であ

り、日本近海で遭難した外国人は出島のオランダ商館を通じてそれぞれの国へ送り返しているし、遭難した外国船には薪水を供給している。また、モリソン号事件当時の異国船打払令は廃止し薪水給与令を施行している。人命尊重を理由に戦争も辞さないとする姿勢をとるペリーに対し、戦争こそ人命を尊重しないものだと反論もする。

続いて、交易は互いの国の利益になると主張し通商を求めるペリーに対し、いかにも国益になるだろうと応じた後で、日本は自国の産物で事足りているので通商の必要はないと主張した。ペリーが最初に持ち出した人命尊重、遭難者の救助など交渉の主目的であるとすれば、交易は利益の論に過ぎず、無理にでも実現しなければならない交渉テーマではないと反論している。そして、アメリカの要求する薪水食料の供給、漂流民の救助、石炭の供給所の設置などは受け入れた上で、通商は断固として受け入れないと伝える。

幕府の対応は、圧倒的な軍事力の差を認めた上で、軍事的な挑発に乗らず、ペリーの要求を巧みに受けながら、通商は一切受け入れないとする方針を堅持することを貫いたものとなった。こうして、1854年2月10日から3月3日まで全4回の幕府とペリーの正式会談をへて日米和親条約全12条が結ばれる。

条約では、薪水食料・石炭などの供給、漂流民の救助と保護、下田・箱館2港開港、領事駐在、片務的最恵国待遇などが盛り込まれている。第9条には規定されている片務的最恵国待遇に関して、加藤は、「最恵国待遇」の論理は理解していたとした上で、応接掛はむしろ「最恵国待遇」は不可避として、アメリカとの条約を今後も優先し、アメリカが他の列強の防波堤となることを期待したと考えられる、としている[16]。一方で、幕府がこだわったのは、アメリカ人の行動範囲である。日米和親条約およびその施行細則を定めた下田条約全13条では、下田で7里、箱館では5里と定めている。幕府は、外国人の自由通行を認めず、外国人の通行範囲を狭めることに全力を注いだ。

「これは、やがて、通商条約で、居留地貿易の規制と、外国人の遊歩範囲の限定があいまって、外国商人の国内市場への進出を阻み、日本の国内市場を防衛する重要な事柄に展開してゆく。」[17]

その後に結ばれた日米修好通商条約を含め、アメリカの強大な軍事力の前に、不平等な条約を結ばされたという側面はあるが、決して幕府は唯々諾々と受け入れたわけではない。例として不平等条約と指摘される「領事裁判権」であるが、鎖国体制のもとでは、外国人を日本の法で裁くということはなかったのであり、もし、日本の法で裁くということであれば、幕藩体制のもとで日本全土に適用される法体系がなければならないわけで、法体系がないもとで外国人を裁くことは不可能であったと考えられる。ペリー来航時の日米交渉における幕府の外交力を教材化することで、歴史の実像を描き出すことができると考えられる。

幕府応接掛筆頭林大学頭復斎とペリーとの交渉の具体例を中心にして、「＜日本の開国を支えた人々6＞幕府の応接掛筆頭林大学頭復斎」として教材化した。（144～145頁参照）

4.7 教材の構成

①数奇な運命に翻弄された漂流民音吉のドラマティックな生涯を紹介する。

教材全体での位置づけは、「日本の開国を支えた人々」として取り上げるラナルド・マクドナルド、彼から英語を学ぶ森山栄之助、ペリー艦隊で主任通訳官を務めたウィリアムズに出会わせる「おはなし」となっている。

＜歴史的事項＞モリソン号事件、異国船打払令、薪水給与令、アヘン戦争

②ペリー来航の概要を絵画資料などで紹介する。アメリカの強大な軍事力を使って威嚇するアメリカの外交姿勢とペリーの航路に気づかせる。

③問題1と2の予想をし、そう考えた理由をもとに、意見交流をする。

問題1 「日本にはわずかに英語を理解する通訳がいました。彼らはどのようにして英語を学んだと思いますか？」

問題2 「ペリーの艦隊がやってきたとき、ペリーの艦隊に向かって話しかけた通訳はどう言ったと思いますか？」

④「日本の開国を支えた人々2【マクドナルド】」、「日本の開国を支えた人々3【堀達之助と森山栄之助】」を読んで、予想を確かめる。

⑤問題3の予想をし、そう考えた理由をもとに、意見交流をする。
　問題3「ペリーの艦隊には日本語の話せるアメリカ人の通訳がいました。彼はそれをどのように勉強したと思いますか？」
⑥「日本の開国を支えた人々4【ウィリアムズ】」を読み、予想を確かめる。
⑦「日本の開国を支えた人々5【ジョン万次郎】」を読み、幕府側の対策を知る。
⑧「フィルモアの国書」と「日米和親条約」を読み、幕府の外交姿勢についてクラスで仮説を作る（問題4）。
⑨「日本の開国を支えた人々6【林大学頭復斎】」を読み、仮説を確かめる。
　次に、教材「漂流民とペリー来航」で使う授業プリントを紹介する。この教材は、中学校の歴史分野の授業用に作ったものであり、「おはなし日本史」として「日本の開国を支えた人々」の物語を子どもたちに読ませることを想定している。
　一方で、小学校の6年生の社会の授業でも使えると考えている。問題シート1～3を提示して、子どもたちにクイズのように予想させて意見交換をし、「日本の開国を支えた人々」のお話は、教師が語って聞かせるスタイルがとれると思う。問題シート4に関しては、フィルモアの国書と日米和親条約の条文を優しく書き改めることで使用できると考える。フィルモアの国書に関しては、日本文教出版『小学社会6年上』の中で書かれている「はるかさんのノート」の記述が使える。日米和親条約の条文として選んだ片務的最恵国待遇は小学生には難しいかもしれない。小学生用として使うのであれば、条文で、①難破したアメリカ船の乗員を保護することと②アメリカ船に食料や水・石炭などをあたえること、が盛り込まれているのに対し、③貿易を行うことが書かれていない点に気づかせるように、条文をピックアップしたい。その上で、幕府の外交がアメリカの言いなりだったのかどうかを討論させ、ペリーと林大学頭のやりとりをシナリオのように台詞化して読ませたい。

5．教材「漂流民とペリー来航」

教材
漂流民とペリー来航
―日本の開国を支えた人々―
（2013年度改訂版）

開発者：井ノ口貴史（京都橘大学）

嘉永2年に中国人・林阿多と名乗って日本に来た音吉

天保8年（1837）に浦賀で追い返されたモリソン号

＜地図4-1＞
(http://www.jas.org.sg/magazine/yomimono/jinbutsu/otokichi/otokichi.htm)

皆さんはジョン万次郎（1827-1898）を知っていますか。万次郎は1827年土佐・中ノ浜に生まれました。1841年、万次郎が14歳の時に土佐・宇佐から出漁しますが、そのわずか2日後に嵐で遭難し無人島（現在の鳥島）へ流されます。143日間にも及ぶ無人島での生活を救ってくれたのは、アメリカの捕鯨船「ジョン＝ハウランド号」のホィットフィールド船長でした。船長の厚意でアメリカ東部のマサチューセッツ州に移り、学校教育を受けます。そこで英語・数学・測量・航海術・造船技術などを学び、卒業後は捕鯨船の一等航海士として活躍、1849年にはゴールドラッシュで沸くカリフォルニアの金鉱で働き金を貯め、1851年薩摩藩に服属していた琉球（今の沖縄）に帰ってきます。琉球から薩摩に送られた万次郎は、薩摩藩主島津斉彬に外国事情を語るとともに、薩摩藩に洋式の造船術や航海術について教えます。その後、故郷土佐に戻った万次郎は、土佐藩の士分に取り立てられ、藩校「教授館」の教授に任命されました。

図4-9　27歳の万次郎

　もう一人、大黒屋光太夫（1751-1828）という人がいます。1792年、ロシアのラックスマンという使節につれられて、約10年ぶりに日本に帰ってきます。かれは、1782年江戸に向かう船が流されてロシアのカムチャツカ半島に漂着します。ロシア帝国のエカテリーナ2世のところまで行って帰国を願い出て、約9年半後に日本に帰ってきます。帰国後は、11代将軍徳川家斉に北方情勢が緊迫していることを話し、幕府は千島や樺太の防衛に関心を強めます。鎖国時代の日本で、漂流する船乗りはたくさんいたと思いますが、こうして帰ってくることができた人たちもいるのです。

　さて、今日皆さんに紹介する、音吉は1832年頃遠州灘で暴風雨に遭い漂流します。それから約14ヶ月太平洋を漂流し、北アメリカに漂着します。1年以上も生きていたのです。それから、イギリスの植民地会社の人たちによって救われ、南アメリカを回って大西洋に出てロンドンに着き、日本人ではじめてロンドン見物をします。その後、アフリカを回ってインド洋に出て中国マカオに送り届けられます。1835年のことです。それから約2年、マカオで聖書の日本語訳の手伝いをし、アメリカの商船モリソン号で1837年に今の神奈川県の浦賀に送り届けられます。ところが、音吉ら漂流民7人は砲撃を受けて追い返されました。しかしあきらめず、モリソン号は薩摩藩に受け入れてもらおうとしましたが、またしても砲撃され、とうとう日本には帰れませんでした。大黒屋光太夫もジョン万次郎も日本に帰って来れたのに、なぜ音吉は帰れなかったのでしょうか。

図4-10　光太夫と磯吉（北大図書館）

　では、これから数奇な運命をたどった音吉について勉強してみましょう。

おはなし日本史 No.1　　　　　　　（　）組（　）番（　　　　　　　　　）

> ＜日本の開国を支えた人々１＞　にっぽん音吉漂流記（音吉・久吉・岩吉の漂流記）
> ―太平洋を14ヶ月漂流し、日本への帰国をめざしたが帰れなかった漂流民の話―

　愛知県南知多郡美浜町小野浦は、江戸時代には廻船で栄えた地域でした。この時代は流通の中心が大坂（現在の大阪）で、消費の中心が江戸（現在の東京）でした。それ故、二つの経済活動のためにたくさんの品物が、海上と陸上で運ばれました。特に活躍していたのが海運であり、尾張の廻船はなかでも大きな勢力をもっていたようです。

　もちろんこの小野浦にも廻船業を営む家が多くありました。樋口重右衛門という人のもつ宝順丸も、そのような船の一つです。宝順丸は1500石積み、現在の数え方では150トンほどの荷物を積むことができる長さ15メートルくらいの船でした。乗組員は14人。大部分は小野浦の出身で、吉次郎と音吉の兄弟もいました。音吉と久吉は当時まだ14、15歳の「炊」（かしき）とよばれる見習い船員でした。他にも熱田（現在の名古屋市熱田区）の出身の岩吉という28歳の熟練した船乗りも混じっていました。

　今から180年ほど前、天保３年10月11日、現代の暦になおすと1832年11月３日、正月を間近にして船が忙しくなる時期です。宝順丸は、名古屋で尾張藩が江戸へ運ぶ米や陶器などの荷を積んで、まず鳥羽へ入港しました。ここから難所として恐れられていた遠州灘を一気に乗り切って江戸へ向かう予定でした。ところが宝順丸の消息はそのままぷっつり絶えてしまいました。何ヶ月にもわたって江戸やさまざまな港の問屋に問い合わせても船の消息はありません。「きっと冬の荒海で難破してしまったのだ…」故郷の人々は悲しみながらも、良参寺に墓を建て、乗組員一同の霊を慰めようとしました。

　実際には、宝順丸は太平洋の上をあてどもなく漂っていたのです。その時代の帆船は舵が大きく壊れやすかったので、海が荒れると舵を失うことが多く、また揺れる船の安定を図るために、非常の際には帆柱を切り倒したため、嵐が収まっても港へ帰れなくなることがしばしばありました。宝順丸もそのようにして漂流したに違いありません。船そのものは丈夫で長い漂流に耐えることができました。幸いにも、積み荷は米でしたから食料も十分ありました。また、この時代には海水を蒸留して真水をとるランビキという方法も行われていたようです。だから宝順丸は、14か月あまりも海上漂流しても、生き延びることができたのです。しかし、長いあいだの海上航海で新鮮な野菜を取ることができなかったため、乗員が壊血病という恐ろしい病気にかかってしまいます。こうして乗組員は１人死に、２人死に、とうとう音吉、久吉、岩吉の３人だけが生き残りました。でも彼らは、絶対に日本に帰れるという希望を持ち続けていました。

　長い間あてもなく流された船は、海岸にたどり着きました。そこは北アメリカ、太平洋岸のワシントン州ケープアラバ付近、ネイティブアメリカンの住む地方でした。そこで音吉たちは、マカ族の奴隷とされました（彼らの考えで、海岸に漂着したものはすべて彼らの所有物とすることが出来ると考えられていました）。その中で「助けてください」との手紙を毛皮商人に手渡し、その手紙がイギリス人の手に渡り、彼らは奴隷の身分から買い取られ、自由を得たのでした。救い出された３人は、南方約200キロのコロンビア川をさかのぼった場所にある毛皮交易所フォート・ヴァンクーバーに連れていかれました。そこからハワイを経てロンドンへいくことになりました。わざわざこんな回り道をしたのは、フォート・ヴァンクーバーにいたイギリス人が、イギリス政府と掛け合って、音吉たちを

日本に送り届けることで、当時オランダとしか交易していなかった日本を開国させるための交渉に使おうと考えたからです。
　結局、3人はロンドンを見物した最初の日本人になりましたが、イギリス政府は日本との交渉に熱心ではなかったため、3人を日本へ帰すためにマカオに送りました。国を出てから既に3年の月日が経っていました。マカオはその当時、中国では唯一の外国人の住む地域でした。3人の世話をしてくれたのは、ドイツ生まれの宣教師チャールズ・ギュツラフで、彼のもとで1年がかりで聖書の日本語訳を手伝いました。
　こうして1年が経つあいだに、自分たちと同じように漂流した庄蔵という人を船長とする九州の船乗り4人が、彼らのもとに送られてきました。この人々は熊本の近くから流されてフィリピンに漂着し、マカオへ送られてきたのです。2組7人の漂流民は、以後力を合わせて生きていくことになります。ある日、2組の日本人たちの前に、1つの日本送還計画が出てきました。アメリカ人商人で熱心なクリスチャンでもあるC・W・キングが、漂流民たちを日本に送って、これを機会に日本政府と国交を持ちたいと考えていたのです。
　1837年7月、日本の暦にすれば天保8年6月、音吉、久吉、岩吉、そして九州の庄蔵、寿三郎、力松、熊太郎の7人の日本人たちは、キング夫妻、宣教師のパーカー、ウイリアムズらと一緒にモリソン号という船でマカオを出発しました。沖縄の那覇でイギリスの軍艦に乗って来た宣教師ギュツラフと一緒になり、モリソン号はさらに日本へと進みました。そして7月30日（旧暦6月28日）、浦賀の沖に着いたのです。しかし運命は残酷でした。モリソン号はいきなり大砲で砲撃されたのです。キングは江戸での交渉をあきらめ、日本で唯一琉球を通じて外交のある九州に向かい、鹿児島で薩摩藩と話し合おうとしましたがこれも失敗し、とうとう音吉たちは日本に帰ることをあきらめなければなりませんでした。
　なぜこのような事になったか、二つの理由が考えられます。まず当時の日本でただ一つ、外国人と交渉する可能性のあった長崎へ行かなかったこと。つぎにこの時代の日本を代表していた幕府は、日本の近くに外国船が現れることが多くなったことに神経をとがらせ、「長崎に来るオランダの定期貿易船以外のヨーロッパ船は、理由を問わずに打ち払ってしまえ」という法律（異国船打払令）を文政8年（1825年）に出したばかりだったのです。この法律は、1842年、清がアヘン戦争でイギリスに敗れたことを知って、後に撤廃されますから、音吉たちはまったく運の悪い時期に日本に帰ってきてしまったのです。
　それから20年余り、7人の仲間の何人かは死んだり行方がわからなくなったりしましたが、少なくとも香港に住んだ庄蔵と力松、上海に住んだ音吉は、たくさんの日本人漂流民を救って日本に帰れるようにしたことが記録に残っています。音吉が最後に援助した船は知多郡半田村（現在の半田市）の船でした。音吉は「半田の亀蔵によろしく」と若い時、同じ年配の炊（かしき）だった少年へ、伝言をしています。彼はまたイギリス海軍の通訳として二度、日本を訪れています。とくに安政元年（1854年）にスターリング艦隊とともに長崎へ来たときには日英交渉に力を尽くし、音吉という存在は長崎に知れ渡りました。その頃にはジョン・マシュー・オトソンと名乗っていました。その後、音吉はマレー人と結婚し、1862年にシンガポールに引っ越しました。日本が開国し、最初のヨーロッパへの使節団（1862年）が通過した時、音吉が市内を案内し、使節団の福沢諭吉やペリーとの交渉で通訳を務めた森山栄之助らが音吉の屋敷をたずねています。

（春名徹『にっぽん音吉漂流記』晶文社、三浦綾子『海嶺』角川文庫などより作成）

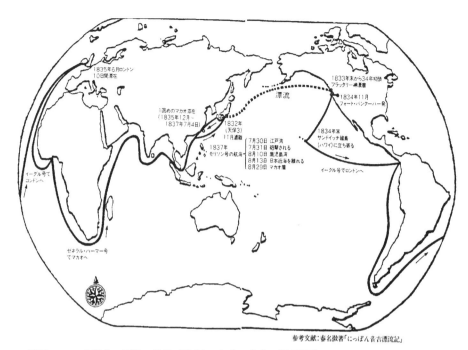

参考文献:春名徹著『にっぽん音吉漂流記』

<地図4-2>宝順丸の漂流　岩松（岩吉）、久吉、音吉の帰還経路

（三浦綾子『海嶺』上巻　角川文庫 pp.4-5 より）

設問1　音吉たちの船は、どこからどこへ向かっているときに遭難したのでしょうか
（　　　　　　　）から（　　　　　　　　）

設問2　3人はアメリカ大陸のどこに漂着したのですか　　　　（　　　　　　　）

設問3　奴隷にされていた3人を助けたのはどこの国の人ですか　（　　　　　　　）

設問4　音吉ら3人はどのようなルートを通って日本をめざしたのでしょう。
①アメリカ西海岸―ハワイ―太平洋を横断―マカオ
②アメリカ西海岸―ハワイ―パナマ運河―大西洋を越え―ロンドン―マカオ
③アメリカ西海岸―ハワイ―南アフリカを廻って―ロンドン―アフリカを廻って―マカオ

設問5　音吉らが日本に帰れなかったのはなぜでしょう？

■さて、この音吉という人が、1853年鎖国下の日本にペリーが来たとき、とても重要な人物になるのです。この数奇な運命をたどった音吉について考えるのですが、まずペリー来航について調べてみましょう。

図4-11　ペリーの錦絵（江戸東京博物館蔵）とペリー肖像画（神奈川県立歴史博物館蔵）

★この錦絵はどれもペリーの絵です。なぜ、このように別の絵が描かれたのでしょうか？

←第1回航海（1853年）で来航したペリー艦隊は、汽走軍艦サスケハナ（2450トン）とミシシッピー（1692トン）と帆走軍艦プリマス（980トン）とサラトガ（882トン）である。

図4-12　ペリーが乗ってきた黒船サスケハナ号（神奈川県立歴史博物館）

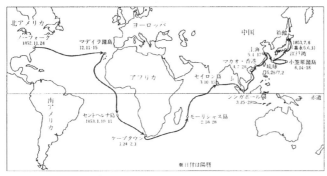

＜地図4-3＞ペリーの航路（田中彰『明治維新』岩波ジュニア新書 p.14）

「泰平(たいへい)のねむりをさます　上喜撰(じょうきせん)　たった四はいで、夜も眠られず」と狂歌にもうたわれた。

問題シート NO.1　　（　）組（　）番（　　　　　）

問題1

Q1. 日本にはわずかに英語を理解する通訳がいました。彼らはどのようにして英語を学んだと思いますか？

1. 日本に密航してきたアメリカ人から英語を教えてもらった。

2. 長崎のオランダ人から英語を教えてもらった。

3. 英語の本を輸入して、それを下に独学で勉強した。

（石ノ森章太郎『マンガ日本の歴史』41巻中公文庫 p.136）
Ⓒ石森プロ／中央公論社

■なぜそう思ったのですか、そう思った理由を書いて下さい。

問題シート NO.2　　　　（　）組（　）番（　　　　　　　）

問題2

Q2．ペリーの艦隊がやってきたとき、ペリーの艦隊に向かって話しかけた通訳はどう言ったと思いますか？

1．「私はオランダ語が話せる」と英語で言った。

2．「日本は鎖国をしているので早く帰れ」と英語で言った。

3．「私どもは閣下を歓迎しています」と英語で言った。

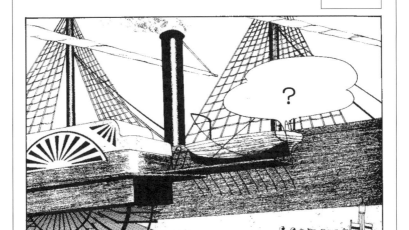

（石ノ森章太郎『マンガ日本の歴史』41巻　中公文庫 p.101　一部改）
©石森プロ／中央公論社

■なぜそう思ったのですか、そう思った理由を書いて下さい。

おはなし日本史 No.2　　　　　　（　）組（　）番（　　　　　　　　）

> ＜日本の開国を支えた人々２＞　鎖国日本を訪れたアメリカ先住民：マクドナルド
> ―ペリーとの交渉を行った通訳を育てた日本最初の英語教師―

　今からおよそ160年ほど前。日本では、まだちょんまげを結った武士が「ござるござる」と言っている時代でした。当時の日本は鎖国の政策下にあって、ペリー来航の直前です。
　そんな頃の日本に、一人のアメリカ人がやって来ていた、と言ったら、皆さんは驚くでしょうか。彼は、むろん正式の使節などではありません。といって漂流者でもなかったのです。彼は冒険家であり、日本を自らのルーツ、母なる国と信じてやってきたのでした。
　彼の名は、ラナルド・マクドナルド。父はスコットランド生まれで、当時はハドソン湾会社の社員として、アメリカ西海岸のコロンビア川流域で交易事業に従事していました。母はスイス生まれでしたが、しかしラナルドの実の母ではありませんでした。ラナルドの実の母は先住民チヌック族の酋長の娘で、スカポーズ族の血も引く、由緒正しい王女でした。しかし出産後まもなく亡くなったので、ラナルドは継母の手によって育てられたのです。父が実力者であったために、ラナルドは寄宿舎で充分な教育を受け、やんちゃで冒険心に富んだ青年に育ち、卒業後は銀行に就職もしました。
　そんな彼が、当時鎖国をしていて渡航不可であった日本に激しく執着するようになった理由が何なのかは謎です。幼い時、ポート・バンクーバーで見た日本からの漂着民音吉らと同じ顔かたちの自分の祖先が日本にあると考えたからだろうと推測する作家もいます。
　1848年、母なる国を求め、彼は無謀な冒険に出発しました。といっても、日本に向かう船などは当然ありませんでした。そこで、彼はニューヨークから捕鯨船に乗り込みました。当時、捕鯨船はハワイを経由して日本近海まで行って漁をしていたのに着目したのです。ラナルドは報酬の代わりにボートを一艘譲りうけ、日本近海の海の上に一人残りました。そしてボートを漕いで彼が辿りついたのは、北海道の焼尻島でした。

図4-13　1853年、帰国頃と思われるのマクドナルド（29歳）

（『マクドナルド「日本回想記」』）

　この島にもアイヌの人々が住んで漁をし、彼等と交易を行うために和人（日本本土の役人）も訪れていましたが、彼はそれを知らずに無人の浜で二日間過ごし、再びボートを70キロも漕いで、利尻島に到着しました。ここで彼はボートの栓を抜いて浸水させ、わざと溺れたふりをしてアイヌ人に救助され、まんまと日本潜入を果たしたのです。
　彼を救ったアイヌの人々は彼を温かく迎え入れ、十日ほど、比較的自由に過ごせました。しかし、その後は稚内の番屋に引き渡され、一ヶ月ほどの軟禁生活を送りました。といっても、物品は十分に与えられたし、何不自由ない暮らしではあったようです。やがて当時の北海道一番の城下町、松前に護送され、取調べを受けました。当時の松前藩の秘密主義ぶりはかなりのもので、牢から役所へ連れて行かれるラナルドを群衆の目から隠すために幕を張り巡らせたのですが、結果といえば、背の高いラナルドの頭は丸見えで、隠れたのは役人の姿だけだったそうです。

やがて、彼は長崎に護送されることになりました。当時の公式の海外との窓口は、長崎のみだったからです。彼は船に乗せられ、港みなとに寄りながら、日本海を長崎目指して進みました。やがて長崎に到着したラナルドは、大悲庵という寺に作られた竹で作られた座敷牢（竹矢来）に入れられました。一種、鳥かごのようです。ここでのラナルドは、まさに鳥かごの中の鳥なのでした。逃げようと思えば簡単だったでしょう。ですが彼はそうしませんでした。その頃、別のアメリカの捕鯨船が難波し、その乗組員14、5人が北海道に流れ着いて、やはり長崎に護送されていましたが、彼らはケンカをしたり脱走を企てたり、騒々しかったようです。けれどラナルドは静かで、しかも髪や目、肌の色や人相が日本人とよく似ていました。日本側も彼には馴染みやすかったことでしょう。

　ラナルドが竹矢来に入ったのは11月も近い頃でしたが、春が巡ってきた頃、彼の竹矢来の中には数人の日本人たちが入り、英語を教わっていました。これは、幕府からの内々の要請によるものでした。当時の日本は、ヨーロッパの国の中ではオランダとしか交流がなかったのですが、英語の必要性が囁かれていました。ですから、長崎奉行所の通訳官たちに本物のアメリカ人の英語を教わらせようとしたわけです。

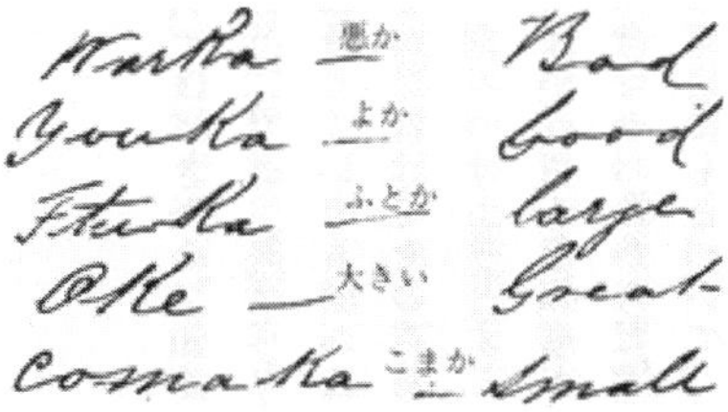

　彼の生徒は14人で、その中にはペリーの来航時に通訳筆頭を務めた森山栄之助をはじめ、その後アメリカとの条約交渉などで活躍したオランダ通詞がそろっていました。また、ラナルドは牢暮らしの中で英和辞書もつくっていました。日本語が長崎弁で書かれていたりするこの辞書を、彼の生徒たちは活用しました。今でも、この辞書はアメリカのスポーケン歴史学会に保存されているそうです。

図4-14　マクドナルドが作った和英語彙表
　　　左が聞き取った日本語、右が英語
（『マクドナルド「日本回想記」』）

　ラナルドの日本での暮らしは、そう長くは続きませんでした。竹矢来に入ってから半年、長崎港の沖合いに砲声が轟き、ラナルドの教え子たちは丸3日の間、牢を訪れませんでした。アメリカの軍艦、ブレブル号がやってきたのです。ラナルドよりわずか前に漂着し長崎に運ばれた例の14、5人のアメリカの捕鯨船員たちが牢で不自由な目にあっているという報告をオランダ側から聞きつけ、彼らを救うべく、軍艦は急ぎやってきたのでした。そして、ラナルドも一緒に帰還できることになったのです。というのも、当初リストに載っていなかった彼の存在を、森山栄之助がアメリカ側に知らせたからでした。

　1849年4月、帰還の日。日本側の役人とアメリカ側の軍人が向い合う中、現れたラナルドは、特別に縫われた心づくしの着物を身につけていました。日本側からは、更に反物や大小の刀、菓子箱が土産として渡されました。こうして、母なる国への憧れに導かれ鎖国下の日本を訪れたネイティブアメリカンの血を引く青年、ラナルド・マクドナルドは、日本を離れ、故国アメリカへと帰って行ったのです。

　彼は、1894年、死ぬ間際に、こう言ったそうです。
"Sionara my dear.Sionara........"（サイオナラ、愛する人よ。サイオナラ………）
　知人や親戚たちは、サイオナラとは何のことだろうかと首を捻りました。
　（吉村昭『海の祭礼』文春文庫、ウィリアム・ルイス／村上直次郎編　宮田虎男改訂『マクドナルド「日本回想記」―インディアンの見た幕末日本―』刀水書房などより作成）

おはなし日本史 No.3　　　　（　　）組（　　）番（　　　　　　　　　）

> ＜日本の開国を支えた人々３＞　語学力で激動の時代を生き抜いたオランダ通詞
> 　　　―ペリーを迎えたオランダ通詞森山栄之助と堀達之助―

　1853年7月8日（嘉永6年6月3日）、浦賀沖に現れたペリー艦隊の旗艦サスケハナ号に向かって、浦賀奉行所の役人と通訳を乗せた番船が近づきました。『ペルリ提督日本遠征記』によると、この小舟から紙の巻物で「貴艦は退去すべし」という趣旨のフランス語で書かれた文書が示されたと書かれています。その後、サスケハナ号に向かって通訳の堀達之助が叫んだ歴史に残る第一声は、英語で発せられた"I can speak Dutch!"（私はオランダ語が話せる！）でした。フランス語の巻物が前もって作られていたのは、西洋世界の外交関係ではフランス語が第一の公用語であることを知っていたからなのです。
　では、堀達之助は英語をどのように学んだのでしょうか。マクドナルドに英語を学んだ14人のオランダ通詞の中に達之助の名前はありません。達之助は、オランダ語に関しては西吉兵衛に8、9年修業したが、英語については「誰かに入門して学習したことはなく、職業の余暇に英語の文法書や辞書を使って少し読み覚えた程度だった」と語っています。
　18世紀末、中国やオランダ以外の外国船が日本近海に姿を見せるようになりました。幕府は、1808年（文化5年）イギリス軍艦フェートン号が長崎港へ侵入した事件の後に、英語、フランス語などを通詞に学ばせるようになりました。フェートン号事件の直後、長崎では、幕府の命令でオランダ通詞がオランダ商館長のドゥーフ（1777～1835）についてフランス語の勉強を始めます。ついで、1809年にはすべてのオランダ通詞に英語の学習を命じました。教師はオランダ人で、オランダ商館の次席ブロンホフ（1779～1853）でした。この通詞達は記録に残る最初の英語学習者でしたが、書かれた英語はどうにか理解できても実用的な会話となると、ほとんど役に立たなかったようです。イギリスの捕鯨船や商船が2度にわたって（1822、1827）日本に入港してきても、オランダ語のわかる乗組員とオランダ語でやりとりを交しています。
　また、北方地域がさわがしくなるとロシア語の勉強も始めました。1804年にレザノフが長崎にきたときにその通訳を担当した馬場為八郎は、この時の経験を買われて、蝦夷地御用として箱館へ出張しました。為八郎の後、長崎のオランダ通詞達は交代で函館の奉行所に詰めたのです。為八郎の弟佐十郎は、語学の天才でした。オランダ語はもちろん、英語、フランス語、ロシア語もできました。佐十郎は、江戸で幕府の天文台方通詞となりオランダの学術書の翻訳にあたる一方、箱館へ行って、当時捕えられていたゴローニン（1811年ロシア軍人ゴローニンが国後島測量中に捕らえられ箱館に監禁され、1813年にロシア側に捕らえられた高田屋嘉兵衛と交換された）についてロシア語を勉強し、辞書を作りました。
　このように、鎖国下にあっても幕府は、オランダ商館長が幕府の提出する「オランダ風説書」を通じて外国事情を知り、機会をとらえて外国語の通訳養成をしていました。
　堀達之助は"I can speak Dutch!"というのが精一杯でした。しかし、オランダ語は流暢にしゃべることができました。ペリー艦隊には、中国で雇われたオランダ人の通訳ポートマンが乗り込んでいました。ペリーは日本側にペリーと同等の高官とでないと交渉に応じないと通告します。それを聞いた達之助は、番船に乗っている浦賀奉行所の与力中島三郎助を指して、「副奉行である」と紹介してサスケハナ号に乗船し交渉を進めます。ペリーは、アメリカ大統領フィルモアの国書（英文本文に漢文訳とオランダ訳が添えられていた）を

渡して、わずか9日の滞在で翌春の再訪を通告して日本を去りました。この間の交渉は、日本語―オランダ語―英語という3段階で行われました。国書には、交易、日本近海でのアメリカ人遭難者の保護、石炭と必需品の供給所の設置が要求されていました。

　幕府は、ペリー来航を知るとすぐ、長崎から通詞森山栄之助と西吉兵衛を呼び寄せましたが、彼らが江戸に着いたときにはペリーはすでに去ったあとでした。ところが、8月長崎にロシアのプチャーチンがロシア艦隊を率いて入港しました。森山や西は長崎に引き返し、ロシアとの交渉に当たります。ロシアの要求もアメリカと同様のもので、幕府内部ではフィルモアの国書を巡って対応を協議しましたが確たる方針を出せぬまま、翌54年2月8日ペリーを迎えることになります。

　54年3月8日より横浜で本格的な条約交渉が始まります。主席通訳森山栄之助のもと、堀達之助、立石得十郎、名村五八郎らオランダ通詞が通訳を務めました。最初にペリー一行に接触したのは前回と同じ堀と立石でしたが、2日後「長崎から来た、アクセントの上手な、かなりの英語をしゃべる」名村が加わり、半月後に森山栄之助が登場します。森山については、ペリー艦隊に随行していたウィリアムズが次のように書き残しています。

　「ほかの通訳がいらなくなるほど英語が達者で、お陰でわれわれの交渉は大助かりだ。森山はプレブル号の船長や乗組員の安否を尋ね、ロナルド・マクドナルドは元気だろうか、ほかに彼のことをご存じないかと質問した」（『ペリー日本遠征随行記』）

　日米交渉は、交渉の媒介言語となったオランダ語と中国語（漢文）、当事国の言語である英語と日本語で行われましたが、条約案文を作るのは大変でした。すべての言語を理解する人はいないわけですから、日本語―オランダ語・中国語（漢文）―英語で行われるやりとりの中で主導権を握っていくのが森山栄之助だったようです。

　「栄之助が現われて、この点は合意している、これは変更された、この件は受け入れていない、とやたらに異議をはさんだ。（平山）謙一郎そのほか同行者はほとんど発言しないので、条約の処理はすべて栄之助の手に委譲されているのかと想像された。栄之助はこの協議に決定権を任されているようにみえ、そして、それ相当にその任に適してもいた。」（『ペリー日本遠征随行記』）

　このような栄之助の対応は、幾つかの誤訳を生むこととなりました。日米和親条約の下田附属条約を結ぶ際、栄之助はすべての公式文書に漢文を使わせない頑固な態度を取ったため、彼の翻訳をチェックできないことにつながりました。その結果、金銀交換比率の問題では、当時日本では金と銀の交換レートが1対5であったものが、世界では1：15であったため、後に西洋人が銀を持ち込んで金に交換して持ち去るということが起こり、開国以降大量の金が流出する事態を招くことになりました。

　幕末に活躍したオランダ通詞はその後どうなったでしょうか？　堀達之助は、1855年リュドルフ事件で4年間伝馬町の牢に入れられましたが、彼の才能を惜しんだ蕃書取調所の働きかけで出獄、蕃書調所教授手伝いとなり、日本最初の刊行本英和辞書を作ります。森山は、幕臣に取り立てられ、1862年には竹内遣欧使節団の通訳としてヨーロッパへ行き、帰国後は外国奉行支配調役などを歴任しました。また、西吉兵衛の子吉十郎は明治政府のもとで、大審院長（現在の最高裁判所長官）になっています。

（木村直樹『〈通訳〉たちの幕末維新』吉川弘文館／清水康行『黒船来航　日本語が動く』岩波書店／堀孝彦『開国と英和辞典』港の人／江越弘人『幕末の外交官　森山栄之助』弦書房、などより作成）

問題シート NO.3　　　　　（　）組（　）番（　　　　　　）

問題3

Q3．ペリーの艦隊には日本語の話せるアメリカ人の通訳がいました。彼はそれをどのように勉強したと思いますか？

1．日本の出島のオランダ商館に行って、日本人から勉強した。

2．中国にいた日本人から中国で勉強した。

3．漂流してアメリカに流れ着いた日本人からアメリカで勉強した。

＊ポートマンはオランダ語通訳として乗り込んでいた。
（石ノ森章太郎『マンガ日本の歴史』41巻　中公文庫 p.100、101　一部改）
©石森プロ／中央公論社

■なぜそう思ったのですか、そう思った理由を書いて下さい。

おはなし日本史 No.4　　　　　（　　）組（　　）番（　　　　　　　　）

<日本の開国を支えた人々4>　音吉らから日本語を学んだアメリカ人：ウィリアムズ
　　　　　　　―ペリー艦隊に乗っていたアメリカ人通訳―

　通訳は重要な課題です。ペリーはアメリカを出発する前に、日本と何語で交渉するか考えました。第一に英語を消しました。英語は日本人にはわからない言語と考えて、日本から門前払いをされるのではないかと考えたのです。日本の役人が使うことができる外国語は、オランダ語と中国語（漢文）であるという情報を得ていました。

　ペリーは、日米交渉を日本語で行う案を考えました。奇抜な考え方ではありましたが、可能性はありました。ペリーはアメリカ人の中で日本語をもっともよく使える人間はいないかと、情報収集に取りかかりました。候補に上ったのが中国で活動する宣教師のS・ウェルズ・ウィリアムズでした。

　ウィリアムズは、1812年9月22日、アメリカニューヨーク州ユーティカ市で、14人兄弟の長男として生まれました。1832年、アメリカ対外宣教委員会の中国の広東印刷場（後にマカオへ移転）の監督者になり10年ほど滞在していました。その間、印刷技術、中国語、ポルトガル語、日本語を学んでいました。一時アメリカへ帰国し、『中国総論』という書物を出版し、そこにモリソン号が砲撃を受けた一部始終が書かれていたのです。1837（天保8）年、米国商船モリソン号が音吉ら7人の漂流民を送り届けるために浦賀沖へ現れたとき、その船に乗っていたのが20代の若い宣教師ウィリアムズでした。宣教師ギュツラフのもとで、音吉ら日本人漂流民と一緒に聖書の日本語訳も行っていました。モリソン号事件後中国に帰ったウィリアムズは、7人の漂流民の一人九州の庄造の協力を得て聖書マタイ伝の日本語訳（「馬太福音伝」）も行っていました。アメリカ人の中でウィリアムズ以上に日本語を話したり書いたりできる人間はいないはずだとペリーは考えました。ペリーはウィリアムズを通訳にと心に決めて、他の通訳を一人も連れずに1852年11月にアメリカを出航し、大西洋からアフリカを回りインド洋を経て翌53年4月に香港に到着します。ペリーは、早速、当時広東に住んでいたウィリアムズを訪ねて、通訳官として同行するように要請します。

　ペリーが目指すのはウィリアムズ一人です。「君がアメリカ人の中で最高の日本通であり、日本語のわかる人物である。同行して通訳にあたって欲しい」。頼まれたウィリアムズは頭を抱えてしまいました。自分の日本語は、日本人の漂流民音吉らを先生とし、10年ほど前にマカオで学んだもので、自信がない。特に読み書きとなると、「先生」自身が廻船の乗組員であるため、十分な訓練を受けていない。その先生から学んだ自分の日本語では、とても通訳はつとまらない。「ましてや幕府との外交交渉で、候文など書けるわけがない。自分はそんな能力はない」と断りました。今度はペリーが驚き、頭を抱える番です。「20年も中国にいて、日本語がわからないのか」。ウィリアムズは日本語と中国語は違うと説明します。「では中国語ならできるのか」。ウィリアムズは自信があると答えました。こうしてペリーはウィリアムズに、中国語通訳兼顧問として同行するよう、改めて要請しました。

　中国語なら自信があるとしたウィリアムズも、書くことには自信があまりなかったので、中国人の文人を一人、秘書として連れて行くことにしました。第1回目の訪問には謝という老人、2回目は羅森です。

　ペリーは、日本語の通訳者以上に重要な顧問（調整役）を得たことになりました。とい

うのは、後にウィリアムズはアメリカ在中国大使館に勤め、1858年に清とイギリス・フランスとの間で戦われた第二アヘン戦争（アロー戦争）後の天津条約に参加し、中国人・西洋人のキリスト教徒の保護に貢献することでもわかるように、確かな外交力を持った人物だったのです。ウィリアムズは、この日米交渉に、一つの大きな願いを持って望んでいました。彼は、モリソン号事件で7人の漂流民を日本に送り届けられなかったことを悔やみ、人権を第一に考えるキリスト教の精神をもって、鎖国体制をとる日本政府を説得して全ての漂流民を救いたいと願っていたのです。

　日本語には自信がないと言っていたウィリアムズの言葉は謙遜であったかもしれません。ウィリアムズの日本語能力はかなりのものであったと考えられています。日米和親条約調印後の3月28日、長州藩の吉田松陰と金子重輔がペリー艦隊に忍び込み、アメリカへの密航を願い出た時、彼らの願いの文を翻訳したのはウィリアムズでした。このとき、ウィリアムズと直接言葉を交わした吉田松陰は、ウィリアムズの会話力について、「誠に早口にて一言も誤らず」と評していることからも、相当の会話力を持っていたことが推察されるのです。

　ペリーは、日本との交渉言語をどう考えていたのでしょうか。ペリーは出国前に英語案を放棄しています。次に、長崎に多数のオランダ通詞をおいていることを前提にオランダ語案を検討しました。そこで、オランダ語に対応するため、上海で21歳のポートマンを雇っています。しかし、オランダ語での交渉ということになると、従来の日本とオランダの関係の中にアメリカが組み込まれてしまう可能性があると考え、オランダ語での交渉は避けることにしました。こうして、ウィリアムズが中国語に堪能であることが明らかになり、漢文案が確定することになったのです。

　幕府側は交渉言語として何を考えていたのでしょう。はじめ、ジョン万次郎を英語の通訳に使うことを考えたようです。しかし、アメリカ生活が長いため日本語の書き言葉が十分でない上に、アメリカ側につくのではないかと考えて、英語を外しました。残るのは、日本語、オランダ語、中国語（漢文）です。それまでの外国船との交渉ではオランダ語が使われたため、オランダ語を想定していました。しかし、アメリカ側から、漢文による条約案が出されることは予想していなかったようです。

　日米交渉がオランダ語を介して中国語（漢文）で行われることになって、幕府側に断然有利になりました。漢文は武士の教養でもあり、幕府の昌平坂学問所（昌平校）には日本を代表する学者がそろっていました。幕府は、応接掛の主任に昌平校筆頭である林大学頭復斎を任命します。林大学頭は、昌平校の学者たちを総動員して、ペリーの示す漢文を読み、そのねらいを読みといていきます。特に、ペリーが日本側に手渡した「清とアメリカとの間で交易を定めた条約書」に関しては、それが望厦条約を縮めて「大清国」を「日本国」に書き直したものであること読み解き、「通商」と「開港」がアメリカの狙いであることを承知した上で、これに直接応えないことにして、幕府の独自案作成に取り組みます。

　（フレデリック・ウェルズ・ウィリアムズ『清末・幕末に於けるS・ウェルズ・ウィリアムズ生涯と書簡』高城書房／清水康行『黒船来航　日本語が動く』／加藤祐三『幕末外交と開国』などより作成）

おはなし日本史 No.5　　　　　　　（　　）組（　　）番（　　　　　　　）

<日本の開国を支えた人々5>　日本最初の国際人：ジョン・万次郎
―ペリーとの交渉にのぞむ幕府にアメリカ事情を教えた人―

　万次郎は1827年土佐・中ノ浜に生まれました。1841年、万次郎が14才の時に土佐・宇佐から出漁しますが、そのわずか2日後に嵐で遭難し無人島（現在の鳥島）へ流されます。143日間にも及ぶ無人島での生活から救い出してくれたのは、アメリカ合衆国東海岸のマサチューセッツ州フェアヘブンの捕鯨船「ジョン＝ハウランド号」でした。この船は日本の近くまで鯨を取りに来ていたのですが、大きな海亀の卵を食料にしようと偶然島に近付いて来たのでした。ホィットフィールド船長は、万次郎を初めとする5人の日本人をハワイまで連れて行き、ホノルルに上陸させ、船長が親しくしていた宣教師に保護を頼みます。
　5人の中でも一番若く、献身的に仕事をこなし英語にも興味を覚えた万次郎を気に入った船長は万次郎をアメリカに連れていくことを決めます。「ジョン＝ハウランド号」の名前をとって、ジョン＝マンというニックネームもつけてくれました。ホノルルを出発してから1年半あまり、1843年5月万次郎はフェアヘブンに到着します。
　フェアヘブンに戻ってからホィットフィールド船長は、万次郎を自分の養子としてかわいがってくれました。東洋人ということで、自分の属していたオーソドックス教会から万次郎の入会を断られると、だまってユニタリアン教会へと宗派を変えたほどです。万次郎は学校にも通わせてもらい、個人教授も受けて英語を完璧に話すようになり、船長の息子たちも通っていた名門バートレット校の試験にも合格します。仲のいい友だちもでき、船長の家の近所に住むキャサリンと婚約もしました。万次郎の生活は充実したものになっていきます。そんな時「ジョン＝ハウランド号」の仲間から声をかけられ、捕鯨船「フランクリン号」に乗りこむことになります。1846年のことでした。
　3年もの長い航海の後、万次郎がフェアヘブンに帰ると婚約者のキャサリンが事故で亡くなったというニュースが待っていました。愛する婚約者の死に絶望した万次郎は、日本で待つ家族・ハワイにいる仲間のために日本へ帰国することを決意します。1849年にカリフォルニアで金鉱が見つかったというニュースもその気持ちに拍車をかけることとなりました。カリフォルニアで金鉱を見つけて、そのお金で仲間と共に故郷へ帰ろうと思ったのです。
　万次郎は、日本へ帰国するための資金を得ようと西部に向かい、荒くれ男どもに混じって70余日間の採掘で600ドルを稼ぐと、ハワイに渡り昔の仲間と再会します。重吉はすでに亡くなっていました。ハワイで大工をし、妻もいた寅右衛門はハワイに残り、伝蔵と五右衛門が万次郎と日本に帰ることになりました。彼らは、日本上陸のためのボート「アドベンチャー号」を125ドルで購入し、土産に辞書やワシントンの伝記など多くの書籍を積み込みました。このボートは日本人の手によって作られた西洋式ボートのひな形になり、持ち帰られた本は、近代日本を作るための礎（いしずえ）となりました。
　1850年、上海に行く「サラボイド号」という船にのって出航し、翌年薩摩藩が支配する琉球に帰国の第一歩を踏みました。漂流してからちょうど10年目のことでした。約半年の間、琉球に止められた後、薩摩、長崎へと護送されて取り調べを受け、翌年の夏ようやく土佐へ帰り、母と子は12年ぶりに再開を果たしましたが、土佐藩からは故郷から外へ出ることを禁じられてしまいます。しかし、土佐藩主山内容堂から召し出され藩校の教授とな

り、アメリカの文化、世界の海での冒険を語り、坂本龍馬らに大きな影響を与えました。
　1853年、米国のペリーが浦賀に来航した時、幕府は、急きょ万次郎に出頭を命じます。万次郎は、幕府直参として、国家の難事に尽くすことになります。しかし、この時、アメリカで教育を受けたということで、アメリカに有利な通訳をするのではないかと疑われ、公式の席に出席できませんでした。条約交渉の裏の舞台で、条約締結に協力をしたのです。その後、1855年に、わが国最初の航海学書・年表（アメリカ合衆国航海学書：ボーディッチ航海学書の翻訳）を筆書し、つづいて1859年に英会話書『英米対話捷径（しょうけい）』を編集しています。
　1858年に結ばれた日米修好通商条約の批准書交換のため、1860年日本最初の大使節団が渡米することになりました。使節一行総勢77名は、アメリカ軍艦ポウハタン（2400トン）号に乗艦しましたが、その護衛として、幕府海軍の軍艦・咸臨丸も随行することになりました。咸臨丸の提督には、木村摂津守、艦長に勝海舟、士官17名、水夫、従者併せて総勢96名が乗り組みました。咸臨丸には、万次郎をはじめ、後の慶應義塾大学を作る福沢諭吉、幕府の海軍奉行で明治時代に各種大臣を務める榎本武揚らがいます。アメリカ一等航海士だった万次郎は、通詞としての役割だけでなく、咸臨丸の艦長勝海舟を助け、その運行を大いに支えました。艦内では、福沢諭吉が英語学習に熱心であったようです。
　帰国後は、故郷土佐で英語・航海術・測量・数学などを教えていましたが、薩摩藩主島津斉彬に呼ばれて鹿児島に行き、海軍増強のため薩摩開成所で航海術等を教え、また長崎では後藤象二郎らと土佐藩のため上海へ船の買い付けに出向くなど、アメリカで得た知識経験を大いに活用しました。明治にはいると「東大」の前身である開成学校の教授に任命されました。明治3年8月、普仏戦争視察のためヨーロッパへ出張した大山巌らに同行し、その折りに万次郎は20年ぶりにアメリカのフェアヘブンを訪れ、恩人のホイットフィールド船長と感激の再会を果たしました。
　(http://www.pockyboston.com/manjiro/history.html2014.2.15アクセス、中浜博『私のジョン万次郎』小学館より作成)
　解説　ジョン万次郎は幕府勘定奉行からの尋問を受けて「アメリカの地理と歴史」「大統領について」などアメリカや世界事情について意見を述べている。幕府がもっとも知りたかったことはペリーの本当のねらいが何であるかということであった。万次郎は次のように考えを述べている。「日本と親しく交わりたいというのはアメリカの長年にわたる願いである。これまで、アメリカの船が日本に漂着したおり、その扱いが過酷であったことが、アメリカではもっぱら評判となっている。アメリカは日本が今後過酷な取り扱いをしないよう、両国の間に和親を結びたいと常々言っている。アメリカが通商を同時に願っているようだが、その意図は私にはわからない」。その他、アメリカが蒸気船の運航に必要な石炭を長崎、薩摩半島、琉球あたりに貯蔵しておきたいと考えていることなどを報告した。
　ペリー艦隊にも一人の日本人が乗っていた。サム・パッチというあだ名で呼ばれていた仙太郎である。1850年に漂流してアメリカ船に保護されていた栄力丸の乗組員の一人だ。ペリーは、この漂流民を日本遠征に同行しようとして、別の軍艦で香港につれてこさせ、11人の漂流民をサスケハナ号に移した。その後上海に移動、この時音吉が彼らを脱走させ、別ルートで日本に帰国させた。その時、サスケハナ号に残ることを希望したのが仙太郎である。ペリー来航時サスケハナ号にいたが、幕府の役人との面会でも返答することはなかった。その後、1860年に帰国したが、死ぬまで外国人居留地を出ることはなかった。

問題シート NO.4　　　　　　　（　）組（　）番（　　　　　　　）

問題4

<資料1>　ペリーが幕府に渡したアメリカ大統領フィルモアの国書の内容
1．日本沿岸で難破したアメリカ船の乗員の生命・財産を保護すること。
2．アメリカ船に薪や水、食料・石炭などを与えること。
3．日米両国で貿易をおこなうこと。

<資料2>　日米和親条約（全12条の一部）
第1条　日本と合衆国とは、人・場所の例外なく、今後永久に和親が結ばれる。
第2条　下田、箱館（注：現在の函館）の両港で、薪水、食料、石炭、その他のアメリカ船が不足した物資の供給を受けることができる。
第5条　下田および箱館に一時的に居留する米国人は、長崎におけるオランダ人および中国人とは異なり、その行動を制限されない。行動可能な範囲は、下田においては7里以内、箱館は別途定める。（注：下田条約で箱館は5里と決まった）
第9条　日本政府が、アメリカ人以外の外国人に対して、現在アメリカ人に許可していないことを許す場合には、アメリカ人にも同様に許可しなければならない。このことは会議をせずに直ちにおこなうこと。
第11条　両国政府において、やむを得ない事情が生じた場合には、本条約調印の日より18ヶ月以降経過した後に、米国政府は下田に領事を置くことができる。

［幕末外国関係文書］

Q4　資料1はペリーが日本に対して要求した内容です。その後の交渉をへて日米両国で結ばれたものが資料2の日米和親条約ですが、幕府の外交についてあなたはどう考えますか？

1．幕府は、アメリカの強力な軍事力を前に、アメリカの思うとおりの内容の条約を結んだ。

2．幕府は、強力な軍事力を見せつけるアメリカの要求を受けても、巧みな外交交渉で、アメリカの思い通りにはならなかった。

■なぜそう思ったのですか、そう思った理由を書いて下さい。

おはなし日本史 No. 6　　　　　　（　）組（　）番（　　　　　　　）

<日本の開国を支えた人々6>　幕府の応接掛筆頭林大学頭復斎
―中国語と中国の学問を使ってペリーと交渉した人―

　ペリーの二度目の来航は7ヶ月後の1854年2月でした。ペリーは早速日本との条約締結作業に入りました。条約交渉の場所が横浜村と決まり、3月8日ペリー一行446人が上陸し、ペリーと幕府の応接掛筆頭林大学頭復斎との交渉が始まります。冒頭、林は、薪水食料と漂流民救済は、日本の法律ですでにそのように運用されており、石炭は以後要請があれば供給してもよいと回答しました。

　ペリーは、モリソン号事件を取り上げて、「日本の漂流民を送り届けに来たのに砲撃して追い払うのは道義に反する行為であると抗議し、日本に漂着した外国人も罪人同様に扱っているのは人道に反する」と切り出しました。そして、「このような行為を改めないのであれば戦争に訴えることも辞さない。アメリカは、隣国メキシコと戦争をして、国都まで攻め取った。事と次第によっては日本も同じようなことになりかねない」と武力を背景に威嚇しました。

　それに対し、林は、「戦争もあり得るかもしれぬ」と受けて、「あなたのいうことは事実に反することが多い」と指摘し、「我が国の政治は、人命を重んずることは、どこの国にも勝っている」と応じます。その上で、日本の近海で遭難した外国の船には薪水や食料を供給し、漂流民はオランダ商館を通じてそれぞれの国に送り届けてきたとして、人道に基づいた政治をしていると答えています。「人命を尊重する」といういうのであれば、17年前の事件を取り上げて、それが長年の恨みでもないことなのに、戦争に訴えるというのは、道理に合わないので、あなたも「とくとあい考えられてしかるべき議と存じそうろう」と結んだのでした。林は、「人命を重んずるために、戦争に及ぶ」というアメリカの主張を巧みに批判し、熟慮を促しました。これに対し、ペリーは全く答えられませんでした。

　ペリーは、次に、通商問題に交渉事項を変え、次のように切り出しました。
（ペリー）「交易の件は、なぜ承知されないのか。そもそも交易とは有無を通じ、大いに利益のあることで、どこの国も交易が盛んである。日本も交易をおこなえば国益にかなう」
（林）「交易は有無を通じて国益にかなうといわれたが、日本は自国の産物で十分に足りており、外国の品がなくても少しも事欠かない。したがって交易を開くことはできない。先にあなたは、第一に人命の尊重と船の救助と申された。それが実現されればあなたの目的は達成されるはずである。交易は人命と関係ないではないか」
（ペリー）「もっともである。訪日の目的は、人命尊重と難破船救助が最重要である。交易は国益にかなうが、確かに人命とは関係ない。交易の件は強いて主張しない」

　ペリーは、林の反論に「通商」要求を取り下げたのです。こうして、フィルモアの国書が日本に求めていた第3の点は撤回されました。漂流民と難破船の救助・保護についてはすでに実行済みであり、石炭などの供給には応じるとしているので、残るは避難港の数と場所、そこでの諸権利だけとなりました。

　その日の交渉が終わる段階で、ペリーはアメリカ側の条約草案とともに冊子を取り出して、林に向かっていいました。
　「これは清国とアメリカ合衆国との交易（通商）を定めた条約書である。交易は、このように公平なものであることを示すために持参した。先刻のとおり、交易の件は主張しな

いため不要であろうが、せっかく持参したのでご覧いただきたい。」
　林は「先ほど申したとおり、交易の件は承諾できないが、条約書をご覧との申し出、断る理由はないので拝読する」と受け取りました。
　ペリーの持参した条約草案は漢文で書かれ、オランダ語の訳文がついていました。漢文の担当は、ペリー側にはウィリアムと羅森の二人だけです。それに対して幕府側は選りすぐりの漢文の精鋭20人以上もそろえていました。そのトップが、漢学と幕府の役人を養成する機関の代表である昌平坂学問所の林大学頭です。
　応接掛はすぐ、アメリカ条約草案と望厦条約とを比較しつつ、条約草案の内容の点検を進めました。アメリカ法案は24条からなり、望厦条約は34か条でした。アメリカ草案が望厦条約の縮小版であることがすぐわかりました。アメリカは、日本との条約で平和・親睦・通商の三つを同時に結ぶことは困難と考え、最初に平和と親睦（これを合わせて「和親」と呼ぶ）に限定し、通商は後に別の外交官によって実現する予定であることがわかりました。これに気づいた日本が圧倒的に優位に立ち、条約締結を有利に進めることになりました。
　日米和親条約は全12条で、1854年2月10日から3月3日まで、林とペリーと間で20日余、4回の会談で結ばれました。薪水食料・石炭その他欠乏品の供給、漂流民の救助と保護、下田・箱館2港の開港、領事駐在、片務的最恵国待遇などが決められています。ペリーが最も重要だとして条約交渉に当たったものは「片務的最恵国待遇」でした。欧米では双務的な最恵国待遇が一般的であることを日本側は知らなかったと思われます。これは、その後の問題となる不平等な項目です。
　一方、日本側は、アメリカ人が下田から通行できる行動範囲にこだわりました。ペリーは、当初10里を要望し、日本側は5、6里を主張しましたが、条約では7里と決まります。幕府は、アメリカ人の行動範囲を限定することに全力を注いでいます。箱館については後日定めるとして、全12条が確定します。
　箱館について、ペリーは10里または7里を要求します。54年6月に結ばれた下田条約では5里となっています。これには幕府のしたたかな外交力がありました。もともとペリーは、箱館は広大だからという理由で10里、あるいは下田と同じ7里を要求していました。しかし、林は交渉に応じず、ペリーの約束違反をとがめ、5里で合意させます。ペリーは、日米和親条約調印後、視察を目的に箱館に行きます。下田条約交渉がおこなわれる10日前、視察だけという約束にもかかわらず、箱館に上陸すると、松前藩と条約の規則について交渉し、要求に応じないと渡航経費を林大学頭に要求すると脅していたのです。松前藩はことの経過を飛脚便で幕府に知らせてきたため、下田条約の交渉前にペリーの約束違反を知っていたのです。ペリーは箱館からの情報がそれほど早く幕府の知るところとなるとは予想せずにいたため、林から約束違反を追及されるとうろたえるばかりで、林が通告する5里を黙ってのまざるをを得なかったのです。ペリーは飛脚のシステムを知らなかったのです。
　外国人の自由航行を認めず通行範囲を狭めるとする幕府の政策は、その後結ばれる日米修好通商条約で大きな意味を持ってきます。居留地貿易の規制と外国人の通行範囲の限定が、外国商人の国内市場への進出を阻み、日本の国内市場を防衛することにつながっていくのです（加藤祐三『幕末外交と開国』／井上勝生『幕末・維新』より作成）。

おわりに

　本教材は中学校の歴史的分野、高校日本史Ａの授業を想定して開発している。当時の国際関係を認識させる素材としては、フェートン号事件、アヘン戦争を取り上げている程度である。しかし、ペリー来航は、幕末から明治維新にかけての時代の転換点に起こってくる歴史的事件であり、世界史的に位置づけ、国際関係を認識させることが必要な単元である。18世紀末のロシアのラックスマン来航から始まる外国勢力の日本近海への進出の背景には、黒海からインド洋、極東アジアにおけるロシアとイギリスの長期的な対立がある。ペリー来航時は、クリミア戦争が戦われている真っ最中であり、1854年イギリス東インド艦隊司令長官スターリングが長崎に来るのも、交戦中のロシア艦隊を捜索するためであった。ロシアとイギリスとの対立はその後の日露戦争の背景をとらえることにつながる。

　一方で、アメリカの太平洋進出と日本への接近の背景には、産業革命を迎えた新興国アメリカがイギリスと対抗する意味合いがあった。ペリーによる砲艦外交は、19世紀後半の対ラテンアメリカ政策とも通底するものである。また、アメリカの太平洋航路開発はアメリカのマニフェスト・デスティニーの延長線上に位置づけられる。

　従来、日本史の中で大きく扱われてきたペリー来航であるが、世界史の中でペリー来航を扱うことにこそ大きな意味があると考えられる。高校世界史の教科書で、18世紀末からの欧米諸国の日本周辺への進出、ペリー来航から明治維新の位置づけは、十分に記述されておらず、世界史から見たペリー来航の授業実践は少ない。今後は、高校の世界史や日本史でペリー来航をどう扱うか、教材開発が求められる。

　なお、教材「漂流民とペリー来航」の実践記録の一部は、拙稿「日本史教育と高校生」（井ノ口貴史、子安潤、山田綾編『授業づくりで変える高校の教

室』明石書店　2005年　pp.73-92）で知ることができる。

（井ノ口貴史）

注
(1) パウロ・フレイレ『被抑圧者の教育学』亜紀書房　1979年　pp.65-66
(2) 加藤祐三『幕末外交と開国』講談社学術文庫　2012年　pp.257-258。なお、『幕末外交と開国』は2004年ちくま新書として出版されたが、現在は絶版のため、前記の講談社学術文庫版によった。
(3) 遠山茂樹『歴史学から歴史教育へ』岩崎書店　1980年　p.11
(4) 加藤、前掲書 p.58、p.62
(5) 三谷博『ペリー来航』吉川弘文館　2003年　p.82
(6) 石井孝『日本開国史』吉川弘文館　1972年　pp.15-24。議会海軍委員会委員長キングは、ニューヨーク―パナマ―サンフランシスコ―アリューシャン列島―千島―日本列島の沖―上海を通る太平洋横断航路は45日で、イギリスのロンドン―広東ルートの65日よりも短いため、イギリスとの競争に有利であると提案した。
(7) 加藤祐三『黒船前後の世界―ペリーの挑戦』岩波書店　1985年　pp.53-68
(8) 加藤祐三『幕末外交と開国』講談社学術文庫　pp.67-70
(9) 宮永孝「"オットソン"と呼ばれた日本漂流民」『社会志林51-1』　2004年　pp.25-28
(10) ウィリアム・ルイス、村上直次郎編富田虎男訳訂『マクドナルド「日本回想記」再訂版』刀水書房2012年 pp.235-237。この点に関しては、『にっぽん音吉漂流記』では、「このような伝承は、なかなか魅力的ではあるが、残念ながら確証がない。音吉とマクドナルドとの邂逅という伝承は、どうやら女流作家E・E・ダイの歴史小説『オレゴンのマクドナルド』によるもののようで、文学的創作の可能性がある。ダイの小説は鈴木重男・達川和男共訳『英学の祖―オレゴンのマクドナルドの生涯』（雄松堂出版1989年）として翻訳されている。
(11) 堀孝彦『開国と英和辞典』港の人　2011年　pp.29-34
(12) 生田美智子「19世紀初頭の日露外交：高田屋嘉兵衛拿捕・拉致事件を通してみる―国後・函館の日露交渉―」『言語文化研究』37　pp.277-280
(13) 江越弘人『幕末の外交官　森山栄之助』弦書房　2008年　pp.53-55。清水康行『黒船来航　日本語が動く』（岩波書店）が正文の不在について書いている（pp.26-38）。
(14) 加藤祐三『幕末外交と開国』pp.79-82
(15) 井上勝生『幕末・維新』岩波新書　pp.4-5
(16) 加藤、前掲書　p.39、p.223
(17) 井上、前掲書　pp.16-20

参考文献

石井孝『日本開国史』吉川弘文館　1972年
井上勝生『幕末・維新』岩波新書　2006年
井ノ口貴史、子安潤、山田綾編『授業づくりで変える高校の教室』明石書店　2005年
今西佑子『ラナルド・マクドナルド　鎖国下の日本に密入国し、日本で最初の英語教師となったアメリカ人の物語』文芸社　2013年
ウィリアム・ルイス／村上直次郎編　宮田虎男改訂『マクドナルド「日本回想記」―インディアンの見た幕末日本―』刀水書房　2012年
F. カルヴィン・パーカー著南沢満雄訳『仙太郎』アガリ総合研究所　2011年
江越弘人『幕末の外交官　森山栄之助』弦書房　2008年
加藤祐三『黒船前後の世界―ペリーの挑戦』岩波書店　1985年
加藤祐三『黒船異変』岩波新書　1988年
加藤祐三『幕末外交と開国』講談社学術文庫　2012年
木村直樹『〈通訳〉たちの幕末維新』吉川弘文館　2012年
サミュエル・ウェルズ・ウィリアムズ著洞富雄訳『ペリー日本遠征随行記』　雄松堂書店　1972年
清水康行『黒船来航　日本語が動く』岩波書店　2013年
田中彰『明治維新』岩波ジュニア新書　2000年
遠山茂樹『歴史学から歴史教育へ』岩崎書店　1980年
中浜博『私のジョン万次郎』小学館　1991年
平尾信子『黒船前夜の出会い　捕鯨船長クーパーの来航』日本放送出版協会　1994年
パウロ・フレイレ著小沢有作訳『被抑圧者の教育学』亜紀書房　1979年
春名徹『にっぽん音吉漂流記』晶文社　1979年
フレデリック・ウェルズ・ウィリアムズ『清末・幕末に於けるS・ウェルズ・ウィリアムズ生涯と書簡』高城書房　2008年
堀孝彦『開国と英和辞典』港の人　2011年
三浦綾子『海嶺』上中下巻（角川文庫）　1986年
三谷博『ペリー来航』吉川弘文館　2003年
宮澤眞一「S・ウェルズ・ウィリアムズの伝記及び書簡体日記に関する一考察」『埼玉女子短期大学研究紀要』第19号　2008年
宮永孝「"オットソン"と呼ばれた日本漂流民」『社会志林51-1』2004年
柳蒼二郎『海商　異邦の人ジョン・M・オトソン』徳間書店　2009年
吉村昭『黒船』中公文庫　1994年
吉村昭『海の祭礼』文春文庫　2004年
吉村昭『漂流記の魅力』新潮新書　2003年

第5章　インターネット時代の教材づくりと授業

1．子どもの学習要求に応える授業を

　世界のどこかで起こるテロ事件、紛争や戦争など、その衝撃が大きければ大きいほど、子どもたちから「なぜ、どうして」の声が高まり、「先生、教えて」という要求が教師に突きつけられる。この声に教師はどう応えるのか。

　私は、湾岸危機・湾岸戦争の時、「イラクがクウェートに攻め込んだのはなぜ」「アメリカはイラクを攻撃するの？」など、子どもの発する問いに応える授業を仕組めなかった。刻々と変化し予測がつかない事態を、新聞とテレビの報道だけで授業に仕組んでいく方法論を持たなかったためだ。湾岸戦争が終わり、概説書や論文が出てきてから、教材研究をし、「教育内容」を決めて授業を試みたが、子どもたちのモチベーションは下がっており、「先生、教えて」の声に応えるものにはならなかった。

　学習意欲を持つ子どもと彼らを学びに駆り立てる教材がありながら、教師だけが新聞やテレビのニュース報道を頼りに授業を仕組むことに二の足を踏んでいたのだ。変化する国際情勢を前に、今後どのように事態が推移するか見通しが立たず、教師が自信を持って教えるべき「教育内容」を設定できないと考えたためだ。

　しかし、教師が授業づくりの発想を変えればどうだろう。教師も子どもと一緒に学ぼうと考えれば、リアルタイムに展開する紛争・戦争や事件を授業に仕組むことができる。教師は、メディアが提供する情報やインターネット上に流されるフリーランスのジャーナリストや一般市民の主張と子どもを出会わせ、そこから生まれた疑問を手がかりに紛争・戦争や事件の原因や背景を教材化し、子どもに学習で獲得した知識をもとに自らの立場を明確にして意見表明させる。子どもたちは、仲間の意見表明文を読み合わせ、互いの意見の違いを確

認しあいながら仲間と共同して学習を進める。教師は、紛争・戦争や事件の進展にあわせて教材を提示し、継続的に意見表明を繋いでいき、論争点が明確になったところで紙上討論を仕組む。この紙上討論は、さらなる意見の深まりを生み出し、事態の進展に合わせて意見表明が続けられる。

このように、教師と子ども、子ども相互が共同して学習を進める授業方法こそ、リアルタイムで動いている現代の社会を学ぶのにふさわしい。新聞、テレビ、インターネットなどのメディアが情報を提供してくれる。教師自らが、メディア情報をもとに学び、子どもが行う意見表明を読み込んで新たな課題を発見し、生徒の学習要求に応えるための「教育内容」を紡ぎ出していくことになる。

2.「9.11」以降の授業づくり

インターネットが一般に普及して、社会科の授業づくりは大きく変化した。ここでは、湾岸危機・湾岸戦争からの10年間（1990-2000年）と「9.11」からの10年間（2001-2010年）に、歴史教育者協議会の機関誌であり、学校現場での教育実践が多く掲載されている『歴史地理教育』誌上に発表された戦争や民族紛争などを取り上げた実践記録を分析することで、授業づくりの違いを考えるとともに、新しい授業方法を取り入れた授業実践がどのような成果を生み出しているかを検討する。

湾岸戦争時、空爆下の詳細な情報は、バグダッドにただ一人踏みとどまり、54日間CNNのライブ中継を続けた記者ピーター・アーネットが発信するものがほぼ唯一で、刻々と変化し予測がつかない事態を、テレビと新聞の報道だけで授業に仕組んでいくには限界があった。一方、「9.11」以降、アフガン空爆、パレスチナの自爆攻撃とイスラエルの報復、イラク戦争などでは、空爆にさらされる市民や現地に取材に入ったフリーランスの記者、カタールのアルジャジーラ（衛星テレビ局）から現場の情報をリアルタイムで入手できるようになった。

湾岸危機・湾岸戦争後の10年間、『歴史地理教育』誌に取り上げられた世界で起こった戦争や民族紛争を扱った実践記録は10本である。内訳は、湾岸戦争を扱った実践が4本、ソ連の崩壊を扱ったもの2本、カンボジアPKOを憲法九条の視点から学んだ実践1本、ユーゴ紛争を扱った実践1本、その他2本である。そして、戦争や紛争の実態に触れさせる教材はほとんどが新聞記事やテレビ番組である[1]。

一方、「9.11」以降10年間の紛争や戦争を扱った授業で、『歴史地理教育』誌上に発表された実践記録及びそれに類するものは35本であり、「9.11」以前の10年間に比べて、3.5倍に増えている。この10年間は、「9.11」、アフガン空爆、パレスチナの自爆攻撃とイスラエルの報復、イラク戦争をリアルタイムで扱った実践記録が続いて掲載されている。「9.11」以前の授業づくりと比べて大きく変化している点は、新聞やテレビの情報以外に、インターネットの情報（攻撃されている現地市民からのメッセージや実況、現地に入っているフリーランスの記者からの情報など）、欧米メディアが各国で伝えた情報や中東側からの報道（アルジャジーラ）が授業で扱われている点である。以前であれば専門家にしかアクセスできなかった情報や報道する側で規制してしまって一般市民には触れることができなかった情報などを、教師自身がインターネットを通じて入手でき、海外の情勢を知ることができる。それらの情報を分析することで、教師自身が紛争や戦争の全体像を把握できるようになった。

メディアが送り出す情報は、現実そのものではなく、送り手の観点からとらえられた見方の一つにすぎない[2]。しかし、生徒は、新聞で報道される事柄は客観的で、中立の立場で現実を伝えていると考えている。新聞報道だけで授業を構成する危険性がそこにある。2003年3月20日から4月10日までの新聞報道を分析した研究[3]によると、一例として『読売新聞』の場合、自社取材7％、米軍情報8％、ロイター23％、AFP8％、AP通信8％、CNN7％、BBC5％、米新聞社5％、米国防省4％、その他の米メディア8％、アルジャジーラ2％などであった。このように圧倒的に欧米中心の情報源で日本の新聞記事が書かれていることがわかる。このような日本の新聞報道の限界を知り、

現地の市民やフリーランスの記者からの情報を読み解くことで、湾岸戦争時に行われた「イラク軍兵士による病院での乳児虐殺事件報道」[4]や「油まみれの水鳥報道」[5]に象徴される意図的な情報操作に騙されることを防ぐことができる。

「9.11」以降の10年間の実践記録35本のうち、以前の実践記録にみられない特徴が2点みられる。第1は、新聞やテレビでは捕捉できない情報を提示して、攻撃される側の状況や主張を紹介している点である。パレスチナ危機に際して兵役拒否をしたイスラエルの高校生を扱った安井俊夫実践（大学）は、その手紙全文を『パレスチナ・オリーブ』のHPより入手している[6]。また、井ノ口貴史実践（高校）は、イスラエルのジェニン難民キャンプへの報復攻撃を扱う際、ジェニンで攻撃されている市民の声を「パレスチナ子どもキャンペーン」のHPから入手して教材化している[7]。同様に、平井敦子実践（中学）も、攻撃される側の現状をリアルタイムに生徒に示すために、「ナブルス通信2004.4.15号」（ジョー・ワイルディング：ファルージャの目撃者より）を使っている[8]。これらは、新聞記事やテレビニュースには登場しない情報源であり、即時性のある現地情報であると同時に、攻撃される側からの生の情報である。子どもが、攻撃する側寄りの欧米系のメディア情報と攻撃される側からの情報を読み比べて、自らの意見形成ができるような教材構成となっている。

第2に、イラク戦争報道を教材に、メディアの報道の在り方を考えさせる実践も行われている。新聞やテレビで報道される映像とは視点の違う、フリーランスの記者が撮った映像を使って、戦争の真実に迫ろうとする実践が見られる。山田勝洋実践（中学）は、カメラマン豊田直巳の現地報告ビデオドキュメンタリー『悪の枢軸とは誰のことか　劣化ウラン弾とイラクの子どもたち』を、井ノ口実践（高校）は、西谷文和のDVD『戦争あかん』を見せ、子どもに劣化ウラン弾の被害に苦しむ子どもたちと出会わせている[9]。2人ともフリーランスのジャーナリストであり、大手のマスコミが報道したがらない劣化ウラン弾の被害を扱っている。現地の子どもたちが被害に遭っている劣化ウラン弾を教材化することで、多くの子どもが、戦争で最初に犠牲になる子どもた

ちに注目して、戦争の不条理を指摘している。

　一方で、湾岸戦争時から子どもたちの学習要求に応える形で取り組んだ実践記録がある。「9.11」以前の10年間に掲載された実践記録10本のうち、戦争の推移をリアルタイムで子どもたちに提示して授業を仕組んでいるものは平良宗潤実践（高校）と棚橋正明実践（小学校）である。

　平良は、沖縄地元紙の社説を読んで、生徒の情勢認識を知るために簡単なアンケート調査をし、「なぜアメリカは戦争を急いだのか？」「イラクはなぜイスラエルをミサイル攻撃するのか？」という子どもが持った2つの疑問点を手がかりに、「湾岸戦争と沖縄基地」の授業を仕組んでいる。①湾岸戦争の最新情報を伝え、②湾岸戦争が沖縄（米軍基地）と深い関係にあることを地元の新聞から抜き出し、③湾岸戦争についての意見を「ブッシュ、フセイン、海部総理へのひとこと」としてまとめる、という授業の流れである[10]。平良は、授業づくりに際して前もって子どもに教えるべき「教育内容」を設定はしていない。生徒を新聞記事やテレビのニュース番組（NHKのモーニングワイドなど）に出会わせることで湾岸戦争の最新情報や沖縄との関係に気づかせ、そこで得られた情報や知識をもとに自らの意見形成を迫る手法をとっている。

　棚橋の場合は、小学校5年生に対し、湾岸戦争後10日ほど経過した段階で、「湾岸戦争についてどんなことを思っているか、家の人と話したこと、新聞を読んだりして話し合ったことなど、自分で考えたことを日記に書きなさい」と指示をして授業づくりが始まる。子どもたちがその日記を読みあわせた後、日本の対応に関して話し合いを組織する。子どもたちの話し合いの中で、日本は直接戦闘に関与すべきではないこと、金の援助は戦争への加担であること、日本はアメリカの言いなりにならず武力に依らない貢献の道があることなどが明らかになったことが報告されている[11]。棚橋も、子どもたちに教えるべき「教育内容」を設定して授業づくりをスタートしているわけではない。湾岸戦争を伝える新聞やテレビニュース、身近な大人の知識に出会わせることで、湾岸戦争についての意見をつくらせ、子どもたちの協働の学びの中からクラスの世論を作る手法をとっている。

これらの授業づくりの姿勢は「9.11」以降も受け継がれている。「9.11」以降の授業実践記録では、多くの教師が世界で起こっている戦争や紛争をリアルタイムで教材化している。加藤和子実践（中学）は、イラク戦争開戦の日に、「どのような学習に結びつけられるかたいした見通しをもっていたわけではないが、社会科教師としてこれを素通りするわけにはいかない」と、春休み中の新聞やテレビの報道に注目させている[12]。

　湾岸戦争直後にリアルタイムで小学生に戦争を考えさせる授業に取り組んだ棚橋は、「9.11」後米国を中心とする多国籍軍によるアフガン空爆を教材化している。棚橋は、「学習の方向と『出口』は見えぬが、…戦争と平和の問題を学んでいこう」と考え、子どもの雑多な「知りたいこと」を学習課題に練り上げ、アメリカのアフガン攻撃についての話し合いを組織し個人新聞を書かせている[13]。

　加藤も棚橋も授業に取り組む前に「教育内容」を決めていたわけではない。リアルタイムに進攻するアフガン空爆やイラク戦争、インド洋やイラクに自衛隊が送られる現実を前に、突き動かされるように授業を仕組んでいる。この教師としての感性が必要だと考える。教師が「何かを教えなければ」という意識を捨てて、教師も子どもたちと一緒に学ぼうとする姿勢さえ持てば、子どもたちとの協働的な学びが次の課題を提示してくれる。子どもに寄り添い、子どもの学習要求を真摯に受け止め、子どもを授業づくりに参加させ、「学習内容」を子どもと教師で共同決定していく姿勢が教師に求められている。

　このような授業づくりが新しい「教育内容」を生み出していく。第1に、「9.11」、アフガン空爆、パレスチナ問題、イラク戦争を追求する子どもたちの学習要求は、日本国憲法の学習や日米安保条約の授業を生み出している。鈴木昭彦実践（小学校）は、自衛隊のイラク派遣と同時進行で学習を仕組み、討論をさせている。そこでは、小学生が、討論の中で出された憲法前文「自国のことにのみ専念してはならない」「他国を無視してはいけない」からイラク支援に行くのは必要だとの賛成派の主張を、反対派の子どもが同じ憲法前文を使って批判している[14]。子どもの学習要求に寄り添っていくことで、「教育内容」

を子どもと教師が共同決定することになっている。

第2に、子どもに日記や作文、意見表明を書かせ、クラスで読み合わせ、それを討論に発展させて協働的な学びを作り上げていく実践もみられる。そこでは、異学年が参加したり、父母が参加して、認識を協同で深めていく。小堀俊夫実践（中学校）は、「このような学びによって、『学ぶことの大切さ』に気づいていくのではないだろうか。学ぶことは大切であり、そのことを知って、自ら学んでいくこと。学ぶことは競争ではない、協同であること。そのような学びを学校に復権したい」と討論を行わせる意味を語っている[15]。

第3に、「9.11」以降の学習は、子どもたちが現在の戦争や平和の問題を考える取り組みになっているが、その成果を新聞への投書、小泉首相への手紙、演劇などの表現活動や卒業記念作品制作に繋げていく実践がみられる。西村美智子実践（小学校）は、「9.11」から1年目に、「朝日小学生新聞」に載ったアメリカ、エジプト、中国など6カ国の子どもの主張を読み比べる学習から始まり、「9.11」のアメリカ人遺族が「武力行使だけではテロは根絶できない」ことに気づいたとする新聞記事を読み、意見交換する学習などを経て、「9.11」事件を通して考え、議論し、学んだことを学芸会の演劇「世界の空に平和の虹をかける」に仕上げていく。「平和の学習」の総決算が、脚本づくりや演技に凝縮されていく取り組みである[16]。

第4に、教師が、「9.11」以降取り組まれた戦争と平和の学習を、子どもたちと学校外の人と繋いで、子どもの認識がより深まるような取り組みに仕立て上げている。その学びの中に元日本兵（おじいちゃんを含む）の語りや証言を入れ込む実践[17]、教師が現代の戦争を子どもたちに考えさせる際、新聞記者などのゲストスピーカーとの出会いを作った実践[18]、同年代のアメリカシアトルの高校生が「9.11」後をどう受け止めているのか、9.11犠牲者家族の会「ピースフル・トゥモローズ」の会員メッセージなど2002年のアメリカ市民の主張を教材としてディベートをおこなった実践[19]などがみられる。また、03年アメリカメーン州の平和集会で戦争反対を主張したシャーロット・スピーチに出会わせた実践が複数見られる。子どもと同年代の少女シャーロットが、周囲の圧力

に屈せず、湾岸戦争で使われた劣化ウラン弾による放射線障害に苦しむイラクの子どもたちに心を寄せて、アメリカのイラク攻撃に反対する生き方に触れさせている[20]。

3．「9.11」後の実践を教材論から読み解くと

　世界のどこかで起こるテロ事件、紛争や戦争を授業で扱おうとする場合、教師が「教育内容」を選び出して、その「教育内容」を子どもたちにわかりやすく伝えるために「教材」を用意する、という方向で授業を仕組むことはできない。子どもたちの「なぜ、どうして」「先生教えて」の声に応えるためには、必然的に「教材」から「授業内容」への教材づくりの方向をとらざるを得ない。インターネットで瞬時に情報が国境を越える時代である。教師も子どもも、ネット環境さえあれば世界中の情報を手に入れることができる。新聞やテレビのようなマス・メディアには登場しない紛争地や戦場のDVD映像も入手可能である。また、空爆にさらされる現地住民の声もネット上に掲載されている。生徒からの学習要求がなくても、これらの教材（情報）を子どもたちに提示することで、子どもたちの学習要求を引き出すこともできる。

　日々刻々と変わる情報が教師の目の前にあふれている。ここから「教育内容」を選び出していく努力が教師に求められている。それは、教師自らがさまざまな情報を分析し、そこから生まれるたくさんのピースを組み合わせて、一枚の絵を描いていく作業である。教師自身が行う情報の分析が間違っているかもしれないし、ピースの組み合わせが間違っているかもしれない。従って描いた一枚の絵は現代の世界を描いたものとはならないかもしれない。このような可能性がある限り、「教師が教え、子どもが学ぶ」という授業観では、リアルタイムに引き起こされる事態を子どもに教えることはできなくなる。

　しかし、「子どもに知識を教える」という意識を捨てたらどうだろう。「9.11」以降の実践にはさまざまな授業方法がみられる。その多くが、教師は知識を教える人なのではなく、子どもたちの学びを引き出したり、子どもたち

相互の学び会いを組織するコーディネーターやファシリテーターの役割に徹している。教師は、新聞やテレビのメディア情報やインターネット上の情報、攻撃される現地の市民の主張や現地のメディア情報を教材として子どもたちに提供し、それを子どもたちに解釈させ、彼らに意見表明を求める。そして、子どもたちの意見表明を読み合わせ、子どもたちに自分とは違った考えを持つ仲間に出会わせる。また、子どもたちは、自らの意見形成を進める中で、多くの疑問点に出会う。教師は、子どもたちの疑問に答えるために、必要な知識を教える授業を設定する。知識を獲得した子どもたちは、それを使って教師が提供するさまざまな教材（情報）を解釈し、意見表明を積み上げていく。教師は、子どもたちの意見表明を読み込んで、立場の違う意見を討論に仕組んで協働の学びをつくっている。それは、子ども一人ひとりが教材を解釈し描き出した世界像を相互批正する授業であり、このような過程を通じて教室の世論をつくっていく。このような学びの成果は、世界の政治指導者に手紙を書く取り組みや新聞に投書する活動に結びついたり、演劇などの表現活動に結びつく。

　藤原顕は、「『教育内容』とは、一面ではあらかじめ教師によって準備される内容でありながら、別の面では同時に『教材』を通した学習の結果学ばれる内容でもある」と定義した。そして、「こうした『教材』を通した『教育内容』の学習を、『教材』として示される『記号』を『解釈』し、『教育内容』に相当する『解釈内容』を生み出すこと」[21]とした。「9.11」後の紛争・戦争や事件をリアルタイムに授業に仕組んでいく実践の中で追究されていることは、藤原の言う「解釈内容」を子どもたちに生み出させる授業論である。リアルタイムに進行する事態にあわせて教師が提示する教材を解釈し、自らの意見形成を積み上げていく授業を構想することが教師に求められていると考える。

4．インターネット情報を授業づくりに使う場合の怖さ

　インターネット時代の授業づくりに関して、筆者の経験を紹介して、この章を閉じたい。

私は、2005年のイラク情勢を高校生と学ぶ授業実践を仕組む際に、本山美彦著『民営化される戦争――21世紀の民族紛争と企業』（ナカニシヤ出版2004年）に出会った。ハート・セキュリティー社の社員・斎藤昭彦さんがイラクで武装組織に殺害された事件を手がかりに、イラク戦争の実態を生徒に捉えさせるための教材を探していた時だった。戦争請負会社の件は、2004年の米軍によるファルージャ攻撃のきっかけを作った事件（米国海軍特殊部隊の元隊員たちが作ったブラックウォーター・セキュリティ社の社員４人の遺体がきずつけられた事件）の報道の際に、戦争が民営化されている実態が明らかになっていた。そのような戦争請負会社の一員に日本人がいたことは衝撃でもあった。シンディ・シーハンさん[22]の行動がアメリカ国内で大きな反響を呼んでいたこともあり、アメリカのイラク戦争の実態を考える上で、イラク戦争がブッシュ政権の中枢に大きな利益を与えていること、ハリバートンやベクテルなどの多国籍企業が湾岸戦争時と同様にイラク戦争でも大きな利益を得ていること、などは子どもたちに知ってほしい内容であった[23]。

　『民営化される戦争』（私の使ったものは2005年第４刷）には、「兵站技術の革命家ウォルマートと労働の破壊」の章がある（pp.77-97）。その冒頭部分に、以下のような記述がある。

　「米国防総省は、イラクの遺跡を競売することによってイラク戦費をまかなおうとしている。『国民歴史博物館』に略奪から免れて、まだ残っている遺物（コーランの原点を含む）のリストを2004年３月に作成し、それをウェブ・サイトに流し、競売にかけようとしているからである。このリストを作成しているペンタゴンの代理人は、ジム＝ボブ・ウェルトンである。つまり、世界最大の小売業、ウォルマートの創業者一族である。……」

　この後に「ウォルトンの発言を原文で書いておこう」と原文の引用がある（http://www.totalthinker.com/krank/archives/041403/Relics.html　2010.4.18　アクセス）。

　私は、一読してすぐ飛びついた。日本の西友を子会社化し、ダイエーの再建にも名前があがっていた世界最大のスーパーマーケットウォルマートが、IC

第5章　インターネット時代の教材づくりと授業　159

タグの技術を使って米軍の兵站の根幹を担っているという事実、そのウォルマートがイラクの文化財を競売にかけて戦費をまかなう国防総省の手助けをし、それにラムズフェルド国防長官（当時）が関わっている。http://www.totalthinker.com/krank/archives/041403/Relics.html には遺物を手にするラムズフェルドの写真も載っていた。この写真を示し、「ラムズフェルド米国防長官は何をしているのだろう」と問いかけて導入にする構想が浮かんだ。アメリカが進めたイラク戦争の本質を問う授業になりそうだと考えた。

　しかし、「ほんまかいな？」と言うのが、次に私が感じた印象であった。日本の新聞やテレビなどのニュースでは報道されていない。真偽のほどを確かめようがない。探せる範囲で米国の新聞記事を探したが、それらしい記事はない。検索をかけて情報を探っていくと、このウェブ・サイトは反共和党の偽作ニュースのサイトだと指摘するものがあった。それも事実かわからないので、このウェブをたどっていくとそれらしい HP に行き着いた。少なくとも、「米国防総省は、イラクの遺跡を競売することによってイラク戦費をまかなおうとしている」という記事で、ウェブ上に載っているものは『民営化される戦争』からの引用であるものがほとんどであった。このような記事は危険だ。授業で使ってしまえば、少なくとも子どもには真実だとして記憶されてしまう。ネット上の記事を授業に使う際には、真実である確証が得られない限り、教材には使わないことにしているので、教材には使わなかった。

　『民営化される戦争』に書かれた内容のすべてがこのようなものだとは思わない。間違いないだろうと推察される事実も多くあった。しかし、この本の記述には、インターネット上の記事を元ネタにして書いていると思われるものが多く見られる。それはそれで、私たちがアクセスして真偽を確かめることができるように配慮されているのかもしれないが、それを授業に使うとなれば、要注意である。最近出版される本には、このように世界中のメディア情報を駆使して書かれるものが結構ある。わくわくする事実が書かれていておもしろいのだが、教材にするときには細心の注意をはらう必要がある。「9.11」以降、リアルタイムに変化する世界の動きを、生徒に同時進行で教材として提示する授

業を仕組んできた結果、感覚的に学び取ってきたことだ。代表的なものは、田中宇氏のウェブ・サイト（http://www.tanakanews.com/）や彼の本である。おもしろいし、示唆に富むことが書かれているが、教材として使っていいかどうか常に検討を要する。このような本やウェブ・サイトを扱う際は、私たち教師の判断がすべてと言うことになってしまう。メディア・リテラシーの観点から、リアルタイムに進行する紛争・戦争や事件を教材化する際、ネット上の記事やメディアの記事の扱いを考えさせられる本であった。

(井ノ口貴史)

注
(1) この10年間は、ユーゴスラヴィア解体の時期に当たり、クロアチア戦争・ボスニア紛争・コソボ紛争が続く。ユーゴ紛争を扱った実践報告は土屋報告だけであるが、リアルタイムにユーゴ紛争を扱ったものではない。また、1991年よりソマリア内戦が始まり、92年より国連の国連安保理はPKO国連ソマリア活動のため、アメリカ軍を中心とする多国籍軍を派遣、93年第2次国連ソマリア活動、米軍が制圧に失敗した後、泥沼化した。93年よりルワンダ内戦、コンゴ内戦など、民族紛争が激化するが、これについての実践報告はない。旧ソ連の第一次チェチェン紛争は94〜96年、第2次チェチェン紛争は99年以降、湾岸戦争後イラク国内で立ち上がったクルド人の独立を求める戦いも湾岸戦争後の中東情勢を考える上でも民族問題のテーマであったはずだが、この10年間にこれらの紛争や戦争、内戦をリアルタイムで扱った『歴史地理教育』誌上に掲載された実践記録はみられない。
(2) 菅谷明子『メディア・リテラシー』岩波新書　2000年、まえがき p.vi
(3) 門奈直樹「国際報道と日本のマスメディア―イラク戦争物語はどのようにして作られたか」『歴史地理教育』2004年5月号、pp.26-27
(4) イラクのクウェート侵攻後の10月、クウェート「難民」と称する少女ナイラが、米議会下院において、「私は、クウェートから脱出してきたばかりです。私は、イラク兵が未熟児保育器から赤ちゃんを取り出し、冷たい床の上で死なせるのを見ました。」と証言した。しかし、ニューヨークタイムズ紙の記者がナイラの身元を調査した結果、彼女は、ワシントン駐在の駐米クウェート大使の娘で、湾岸危機前後クウェートにはいなかったことが明らかになった。この証言は、米国大手広告代理店が事前にリハーサルをさせ出演させたもので、まったくのでっち上げであったとされる。
(5) 湾岸戦争開始約1週間後、「イラクがペルシャ湾へ原油放出をした」として「油まみれ水鳥」の映像が流され、サダム・フセイン政権を非難する国際世論が高まった。米国はイ

ラクの環境テロと非難したが、実際は米軍が誘導爆弾によって原油貯蔵施設から流出させた自作自演であったことが明らかになっている。
(6) 安井俊夫「パレスチナ危機とイスラエル高校生の兵役拒否―大学生の議論から見えるもの―」『歴史地理教育』2002年9月号
(7) 井ノ口貴史「9.11からパレスチナ問題の学習へ」『歴史地理教育』2002年10月号
(8) 平井敦子「2004年春のイラク日本人拘束事件を学ぶ中学生」『歴史地理教育』2006年3月号
(9) 山田勝洋「爆撃される側に立って―中学2年生・イラク攻撃を考える―」『歴史地理教育』2003年11月号、井ノ口貴史「劣化ウラン弾と子どもたち―ヒロシマからボスニア・コソボ・イラクへ」『歴史地理教育』2007年8月号
(10) 平良宗潤「湾岸戦争と沖縄の高校生」『歴史地理教育』2001年6月号
(11) 棚橋正明「子どもたちは湾岸戦争をどう見たか」『歴史地理教育』1992年1月
(12) 加藤和子「イラク戦争を追い続けて―自衛隊派兵問題を中心に―」『歴史地理教育』2004年8月号
(13) 棚橋正明「「9.11事件」からフラッグアート"PEACE ONE"へ」『歴史地理教育』2003年3月号
(14) 鈴木昭彦「イラクへの自衛隊派遣問題を討論する」『歴史地理教育』2005年1月号
(15) 小堀俊夫「『21世紀をどんな世紀にするか』を問いかける近現代史学習」『歴史地理教育』2006年3月増刊号
(16) 西村美智子「私たちが考えた「9.11」―「異文化との共生を考える」授業に取り組んで」『歴史地理教育』2003年12月増刊号
(17) 平井敦子「戦争はひどい、信じられない！ を乗り越え自分感覚をくぐって考える素材を提供する選択社会10時間プログラム」『歴史地理教育』2003年12月増刊号、今井省三「戦争と暴力を否定する教育」『歴史地理教育』2003年12月増刊号
(18) 平井敦子「2004年春のイラク日本人拘束事件を学ぶ中学生」『歴史地理教育』2006年3月号
(19) 池田考司「イラク戦争を日米の高校生が話し合う」『歴史地理教育』2003年9月号
(20) 大野一夫「ブッシュ・イラク戦争と平和を発信する日米の少女」『歴史地理教育』2003年12月増刊号　など
(21) 藤原顕「学習の仕組みから『教育内容』概念を捉え直す」グループ・ディダクティカ編『学びのための授業論』勁草書房　1994年　pp.127-132
(22) シンディ・シーハンは、2004年4月にイラクで戦死した息子の死に抗議して、2005年8月テキサスのブッシュ米大統領私邸付近でキャンプを張り、「大統領に、なぜ私の息子を殺したのか説明を求めたい」と抗議行動を続けた。
(23) 井ノ口貴史「高校生とともに同時代史を学ぶ」『歴史地理教育』2006年3月号

おわりに

　子どもの社会認識を育てる教材・教具と授業づくりのあり方を提起した本書は、人間発達学部児童教育学科リカレント講座の「小・中学校ですぐに使える現場教師のための教材・教具まつり」に合わせて、人間発達学部研究プロジェクトとして発足した教材・教具論研究会での議論をふまえて書いたものである。
　第1章では、子どもの生活と切り結んで構想した「コンビニエンスストアを教材にした授業」と「携帯電話を教材にした授業」を紹介し、2つの教材が子どもにどう受け止められたかを分析している。子どもの主体的な学びをつくり出しているかという観点から、社会科における「教材」と「教育内容」の関係を新たにとらえ直す必要性を提起している。
　第2章では、小学校・中学校・高校の教育内容の系統をふまえて、教材・教具づくりの魅力を語っている。小学校・中学校・高校の教科書に登場する「コンビニエンスストア」の教材に注目した。コンビニという教材を、小・中・高校のそれぞれの発達段階をふまえ、授業でどのように扱えばよいのかを提起しながら、社会科の授業のあり方について考えている。
　社会科の教材・教具の魅力と、社会認識を育てる授業のあり方の具体的な事例は、2章・3章で展開している。
　第3章は、「時代のイメージを育てる生活文化の学習を」というテーマで、小学校6年の文化史学習のあり方について論じている。学習指導要領での文化史の扱い方、文化遺産の学習を中心とした教科書記述のあり方を批判的に検討し、時代をうつしだす生活文化学習を主張している。生活文化学習の事例として、室町時代の庶民のくらしの変化をとりあげた「かじ屋のじょうきちさんの食事」などの授業を紹介している。小学校の歴史学習においては、時代の典型をイメージ豊かにとらえさせること、子どもにとって意味のある学びをつくることの必要性を提起した。
　第4章は、「ドラマのある歴史の授業をつくりたい――「源流民とペリー来

航」の教材開発」というテーマで、新たな教材づくりを試みている。小学校・中学校の教科書に描かれている「ペリー来航」の記述を比較・検討し、世界史的な視野で歴史をとらえる視点の重要性を提起している。そのうえで、「漂流民とペリー来航」の教材開発においては、ペリー来航の背景として、音吉、ラナルド・マクドナルド、S・ウェルズ・ウィリアムズの3者を教材化している。実際の授業では、子どもたちが3者を結びつけてとらえられるようなドラマチックな教材構成になっている。

第5章では、「9.11」以前と以降の授業実践を比較し、教師と子ども、子ども相互が共同して学習をすすめるような授業が増えてきていることを指摘した。とりわけ、「9.11」以降の授業では、インターネットからの情報をもとにした教材づくりが見られる。教師のメディアリテラシーが厳しく問われる一方で、リアルタイムで動いている現代社会を学ぶのにふさわしい教材や授業方法の開発も可能になっている。

子どもの学ぶ要求に応えた授業やリアルタイムで現代社会を学ばせる授業を構想するには、教師の側に教材を通して「学習内容」を子どもと共同で決定していく姿勢が必要となる。それは、新たな「教育内容」を生み出していく可能性を広げることにもつながっているように思う。

最後になったが、本書を出版するにあたり京都橘大学より学術出版助成をいただいた。ここに記して感謝を表したい。

井ノ口貴史（いのくち　たかし）

1951 年、長野県に生まれる。2000 年、上越教育大学大学院修士課程学校教育研究科学校教育専攻を修了。
長野県公立中学校、大阪府立高等学校教員を経て、現在、京都橘大学人間発達学部教授。
（主な著作）
『授業づくりで変える高校の教室 1 社会』明石書店 2005 年
『中等社会科の理論と実践』学文社 2007 年
『日韓で考える歴史教育』明石書店 2010 年
『歴史教育・社会科教育年報 2014 年版』三省堂 2014 年

倉持祐二（くらもち　ゆうじ）

1962 年、神戸市に生まれる。1986 年、大阪教育大学教育学部大学院教育学研究科修士課程を修了。
奈良教育大学附属小学校教員を経て、現在、京都橘大学人間発達学部教授。
（主な著書）
奈良教育大学附属小学校編『自立する学び』かもがわ出版 2006 年
『社会科授業大全集　6 年①②』喜楽研 2010 年
『社会科授業大全集　5 年』喜楽研 2011 年
『社会科授業大全集　3・4 年上下』喜楽研 2013 年

社会認識を育てる教材・教具と社会科の授業づくり

2015 年 2 月 5 日初版印刷
2015 年 2 月 20 日初版発行

　　著　者　　井ノ口貴史・倉持祐二
　　発行者　　中桐信胤
　　発行所　　三学出版有限会社
　　　　　　　〒520-0013　大津市勧学二丁目 13-3
　　　　　　　　　　　　（TEL/FAX 077-525-8476）
　　　　　　　　　　　http://sangaku.or.tv

©Inokuchi Takashi, Kuramochi Yuji
　　　　　　　亜細亜印刷(株) 印刷・製本